能量

9个能量场实验
激活不可思议人生

[美] 潘·格鲁特（Pam Grout）——著　张春红 —译

E-Squared

**Nine Do-It-Yourself
Energy Experiments That
Prove Your Thoughts
Create Your Reality**

湖南文艺出版社
HUNAN LITERATURE AND ART PUBLISHING HOUSE

博集天卷
CS-BOOKY

图书在版编目（CIP）数据

能量 /（美）潘·格鲁特（Pam Grout）著；张春红译.
—长沙：湖南文艺出版社，2016.7
书名原文：E-SQUARED
ISBN 978-7-5404-7640-3

Ⅰ.①能… Ⅱ.①潘… ②张… Ⅲ.①成功心理 – 通俗读物 Ⅳ.①B848.4-49

中国版本图书馆CIP数据核字（2016）第129865号

著作权合同登记号：18-2016-055

E-SQUARED
Copyright © 2013 by Pam Grout
Originally published in 2013 by Hay House Inc. USA

上架建议：心灵励志

NENGLIANG
能量

著　　者：［美］潘·格鲁特
译　　者：张春红
出 版 人：刘清华
责任编辑：薛　健　刘诗哲
监　　制：蔡明菲　潘　良
特约策划：李　荡
特约编辑：汪　璐
版权支持：文赛峰
营销编辑：李　群　杨清方
装帧设计：利　锐
出版发行：湖南文艺出版社
　　　　　　（长沙市雨花区东二环一段508号　邮编：410014）
网　　址：www.hnwy.net
印　　刷：北京鹏润伟业印刷有限公司
经　　销：新华书店
开　　本：880mm×1230mm 1/32
字　　数：142千字
印　　张：6.5
版　　次：2016年7月第1版
印　　次：2016年7月第1次印刷
书　　号：ISBN 978-7-5404-7640-3
定　　价：38.00元

质量监督电话：010-59096394
团购电话：010-59320018

对本书的赞誉

"这本书完全可以用'壮观'一词来形容，它是一本引人向上、使人欢欣又意义深远的书。"

——克里斯蒂安·诺斯鲁普
畅销书《女人的身体 女人的智慧》的作者

"我真的太喜欢这本书了。潘的写作融合了艾伦·德詹尼斯的幽默与迪帕克·乔普拉那种深邃而广博的智慧，给我们传递了一个强有力的信息，并通过一系列的实验，实实在在地向我们证明：思想真的可以改造现实！"

——杰克·坎菲尔德
《纽约时报》畅销书"心灵鸡汤"系列的编著者之一
与人合著《成功准则》

"我觉得，如果一个53岁的男人、一个怀疑主义者、一个不爱说客气话的广播节目主持人都觉得这本书相当深刻、透彻，读完就明白了'到底该怎么活'的话，那么，它能畅销就是理所当然的了！让我们跟着潘踏上征途……领会她传达给我们的关于人类自身潜能的各种信息，细细体会她的真诚、幽默和语重心长。"

——约翰·圣奥古斯丁
Oprah and Friends 前制片人
《每一分钟都很重要》的作者

"我在阅读本书时不停地勾画着，并在页边时不时地标注'太棒了！'的感叹。它惊世骇俗、鲜活有趣，处处闪耀着智慧的光芒，读起来真是一种享受。潘·格鲁特总是一针见血，我相信读完此书的人，都会真切感受到一股积极向上的牵引之力。因为它让我们意识到我们都是被爱着的，而且我们还有很重要的事情要去实现！"

——维多莉亚·莫兰

生涯教练

《创造你的美丽人生》和《从内点燃自己》等十本书的作者

"这本书可以引导你去体验实用神秘主义。我喜欢这本书，因为它从未要求我去分析缘由，而通过书里这些简单易行的实验，我彻底解除了心底的疑惑，亲证了想要的结果。"

——戴夫·斯迈利博士

身心灵纪录片《灵魂的重量》的演员

致罗斯基

愿您的光芒永远闪耀！

目录

CONTENTS

小时候，我曾问过宗教老师：为何奇迹只发生在远古时代，当下社会却如此平淡无奇？我的老师无从作答。此后，我抛弃了精神的追索，开始笃信科学，至少，科学正在试图解释这个世界是如何运作的。

能读到潘·格鲁特的作品实在是一大享受，它帮助像我这样的怀疑论者重新点燃了对精神的追求之火。她用一种轻快、愉悦的口吻，以任何一个层次的人都能理解的方式娓娓道来，向我们展示了能量的魔力，证明了奇迹就在我们身边，每个人都触手可及。作者用通俗易懂的语言，向我们宣讲了她的理念和实验，教会了我很多已流传数千年的奥义。

我强烈地向那些试图理解灵性思维以及求索它如何运作的人推荐此书，像我这般有所怀疑的人也该沉心静读。正如作者所言，重新训练我们的大脑其实和训练小狗如厕类似——你得把自己的思维从外部世界召唤回来，让它看到至美、至大、至真的一面。我们将会像小孩快乐地蹒跚学步一般，通过潘·格鲁特的引导，认识到：奇迹仍在发生，而每个人身上，都有创造奇迹的能量之源。

——乔伊斯·巴雷特博士
前美国国家航空和宇航局（NASA）生物学家

"我们原先感知生活的方式可以抛弃了，这样才能迎接新的。"

——米歇尔·隆哥·奥唐奈

Living Beyond Disease（战胜疾病）网站创始人

"任何一个认真探索科学真理的人，最终都不得不承认：在宇宙法则中有一股精神能量——一股远比人类的力量高级的精神能量！"

——阿尔伯特·爱因斯坦，理论物理学家

在我还有两个月就要过35岁生日的时候，和我交往多年的男友却为了一个20多岁的非洲裔法律系学生将我抛弃了！要知道，当时关于单身女人与行星比较的研究刚刚出版。这项研究显示：年过30岁的女人再想走进婚姻殿堂的概率，几乎和被行星撞到一样小！

这之后的几天，我卧床不起，眼睛一动不动地盯着头顶的电扇，思前想后，确定我只有两条路可走：一、在泡热水澡的时候割脉自杀；二、在伊莎兰（Esalen）登记为期一个月的学习班——去加利福尼亚州的大瑟尔（Big Sur）参加一个据说效果如同麦加朝圣的疗伤课。想到我的同屋会因为浴室里的一片狼藉而恨死我，我只得选择伊莎兰。

在到达那儿后的第二个夜晚，我遇上了一个帅气迷人的前冲浪运动员，他的名字叫斯坦。斯坦游说我晚上和他一起倾听海浪冲击岩壁的声音。后来，我们在海边的一个按摩室里睡着了。为了取暖，我俩缩成一团，紧紧地靠在一起，可是效果不佳，四月从太平洋上刮来的寒风，差点把我俩冻死。一想起这种苦痛，我自然而然就戒掉了自杀的念头。

如果斯坦不是这般可爱，如果不是迫切想摆脱那个像扔掉一个空薯片袋子般抛弃我的坏蛋，我很可能早早就打了退堂鼓，钻进那防寒防风的睡袋里去了。可我居然一直坚持到第二天黎明，借着曙光，我发现就在我们蜷缩在一起的毛毯边，有一个可以插上电源取暖的电热器！

简而言之，这就是本书的主旨。我们每个人身边都有一个"空间加热器"——更确切地说，有一个我们视而不见的能量场——随时待命，我们却懒得去插上电源打开它！大多数人几乎从未注意到这个"空间加热器"的存在，我们都以为人生只是一场随机的冒险，C'est la vie（这就是生活）。

我们没意识到能量场能给予我们力量，进而塑造和引导我们人生的走向，也无法理解它的运作原理。我们听信各种言论，比如说祈祷可以帮我们打开开关，努力工作可以维持它的运转……但似乎没人有百分之百的把握。一个精神导师建议我们唱赞美诗，另一个建议我们进行冥想，还有去年那个坚持让我们清空大脑，多去感受。那么，到底我们该听从何种建议呢？能量场真的如此神秘、虚无缥缈吗，否则为何只是偶尔有效？或许所谓的能量场至多只是一个苛刻挑剔、反复无常的存在，是根本无法让人依赖的虚无！

真的如此吗？

我要告诉你的是：这个看似缥缈的能量场百分之百可靠，而且它每次都会奏效，就如同一个数学原理或者物理定律般恒定：2加2一定等于4，从屋顶掉落的小球一定会落地。你的每一个意念都影响着物理现实。

眼见为实 ━━━━

"所有我认为我已知的，我都避免染指。尽管现实一点很有必要，但这种只关注现实的念头会阻碍你得见真正的光明！"

——大卫·O.拉塞尔，电影制片人

如果你读过《秘密》一书，或者你曾对神秘的宇宙有过惊人的畅想，你可能已知晓思想能够创造某种现实，你可能也意识到了宇宙之中存在着某种具有疗愈功能的力量，意识到了你就是自己命运的设计师。

然而事实上，你并非真的相信这些，至少不是完全相信！

我们多数人依旧按照先祖的思维模式去为人处世。我们以为聪明的大脑会帮助我们操控生活，我们以为自己明白内心想要什么，并且正在创造各种新的可能。而在现实中，我们在不停地重复自己，依靠条件反射去生活。我们多数人都在五岁前就被规训完毕，就像巴甫洛夫的狗，在有足够的智慧做出明智的选择之前，我们就已经被训练得只会按照既定模式做出反应了。我们那些自以为是的观点、想法，其实都是不知不觉中从别人那儿下载来的，其可信度需要好好商榷。因此，我们封存了自己积极主动思考的能力，只遵循那些老旧的、被动的模式。换句话说，我们的知觉，那一直都在影响我们物质现实的知觉，早就被洗劫一空了。

大学毕业后不久，我就找了份工作安顿下来，开始按部就班地生活，但我注意到关于钱财的负面思维时刻在噬咬我的心。我发现自己一直焦虑不安，担心很快就会把钱花光，怀疑自己是否有能力负担得起一辆想买的自行车或者一台必备的电脑。有一天晨跑的时候，我突然醒悟过来：原来我的这些焦虑都是在成长的过程中由母亲灌输给我的！即使没有任何迹象表明我在生活中会面临如此种种恐慌，但我还是在不知不觉中将它们下载到我的脑海"硬盘"里去了。

毋庸置疑，继续下去对我绝无益处。我开始自觉重构适宜的财务原则："我负担得起想要的任何东西，事实上，一切欣欣向荣，我什么都不必担心！"作为一个独立撰稿人，事业上我得听天由命，我也明确意识到：如果继续以前那种战战兢兢的负面情绪，我根本无法在这风云变幻的领域里存活下来。显而易见，我要为自己输入一套新的能量原则。

现实已经被改变了，伙计！ ————

"如果我们总臆断凡是被人们所接受的就一定是真理的话，世界将不再有任何的进步和发展！"

——奥维尔·莱特，美国发明家

尽管因循守旧者机械的世界观已被证明太过狭隘，但这种思想依旧根植在我们的文化中。神经学家说，我们95%的思维都受控于预先植入的潜意识。所以，我们并非真的在进行思考，而只是在被动地观看过去的一幕幕"电影"。

如果你不想受困于这些永不停歇的碎片化的陈旧思维，就需要以自己的意愿去更新生活。你无须担心钱不够花，也不要过度忧虑，只要好好享受各种美好的关系就行。那样的话，你会对自己的生活感到美满知足，甚至无须拿起眼前的这本书来读。

不过坦率地说，我很高兴你挑选了本书。这本小书将会一劳永逸地向你证明：你的思想是有能量的；拥有无限可能的能量场，正期待着你来认领。它将帮助你重新审视那些一直控制着你的陈腐观念。

本书并没有长篇大论，大概你以前也已经读过声称能改变你命运的作品。书中只有九个简单可行的实验，可供你在现实生活中体验。这些实验给了你一个全新的机会，可以让你先从"意识"入手，尝试着用思想去创造现实，然后根据日常生活中的连锁反应，让你一步步见证这一切是如何运作的。

此时此刻，一切还只是纸上谈兵。但是睁开你的双眼，就会发现，通过这一有意识的观察行为，你已经把自己从固有的老旧的思维模式中解救出来。然后，通过科学的实验，你会意识到自己是如何与能量场紧密相联的，最终，你会将自己彻底解放。

被我们抛诸脑后的魔法 ━━━━━

"天哪，世人居然依旧迷恋牢笼！"

——特丝·林奇，作家、散文家、贵族

量子物理学把场定义为"一种看不见但能影响物理现实的游移的力量"。本书会教你如何最大限度地利用好能量场（我喜欢把它叫作FP）。因为能量是看不见的，而且我们仍旧只习惯于那些先入为主的古老原则，尚未学会如何利用这些搭房建屋的基本建筑模块。

在接下来的21天，也就是完成本书里提到的所有实验所需要的这段时间里，你将会利用这难得的机会与能量（甚至物质，量子物理学家戴维·玻姆认为物质只不过是些"冷凝的光线"）建立起一种联系，并学着去传输能量，或者将这些能量变成某种你内心深处极度渴望的东西——无论你祈望的是心灵的宁静、金钱，还是报酬更为丰厚的新工作，你甚至还可以引导能量场帮你实现一次南太平洋塔希提之旅。

就拿我自己来说吧。几年前，我决定要去澳大利亚待一个月。当时，一位我深深迷恋的脊椎调理按摩师在那里找到了一份工作，要和澳大利亚原住居民一起共事。我开始思量：对于远在10,683英里之外的堪萨斯州的我来说，该如何让那个人爱上我？看看自己的银行对账单，任何有点理智的人都会知道，在当时花1500美元的机票钱飞到悉尼绝对是不可能的事情，但我还是很想去。幸运的是，我懂得如何利用我的能量场把不可能变成可能。

我开始筹备这场旅行，开始幻想自己在悉尼冲浪的欢快画面，而且让这幅画面持久萦绕着我的大脑。

一周时间不到，《新娘》杂志（*Modern Bride*）的编辑打电话过来。

"我知道我通知你通知得太晚了，"她开口说道，"可是，你是否愿意去澳大利亚为我们采访一个蜜月故事？酬劳加倍！"

"我去，"按捺住内心的雀跃，我说，"如果您坚持的话！"

你甚至也可以转换内在的能量，去疗愈或改变你的身体状况。有一次，我和一位朋友去科罗拉多州蒸汽船温泉（Steamboat Springs）附近的一片平坦之地远足。顺着公园的一条小道往上爬时，朋友被一块岩石绊倒，摔了一跤，眼看着她的脚踝越来越肿，我俩惊恐万分。她的脚踝真的肿了起来！如果这件事发生在一家诊所旁边，就显得无关紧要了，但要知道，我俩当时所处的位置离最近的电话亭也得走70分钟（而她一跛一跛的，根本就走不动），更别提什么诊所了。我让她引导她的身体停止肿胀，她便开始大喊："不准再肿了！赶紧好起来！不准再肿了！赶紧好起来！"

"不出声也行！"我提醒她说。

最后，我们顺利地回到了营地，而她也不用再去医院了。

FP（能量场）=IP（无限可能性）

"生活无处不美，未来花团锦簇，可我们眼界太小，甚至不惜用双脚践踏它们！"

——赫尔曼·黑赛，诗人、小说家

本书中的九个实验，多数只需48小时甚至更少，却将证明能量场是可以信赖和预测的，而且从阿西西的圣方济各（St. Francis of Assisi）到芭芭拉·沃尔特斯（Barbara Walters），人人都可利用它。这些实验将会向你证明物理学家在过去100年中的发现——能量场连接着我们所有人，我们之所以能掌控自己的生活，是因为我们所有的念头都是能量波，它们能影响到宇宙间的一切事物。

如同你要用电，就需要先插上插头，而且你必须决定不再浑浑噩噩地混日子。任何有点正常思维的人，都不会给西尔斯百货超市打电话说："喂，给我送点我喜欢的东西来。"同样，你也不会给帮你修厕所下水道的水暖工打电话说："随便你什么时候想来就来。"而事实上，我们大多数人都是这样和自己的能量场沟通的。我们后知后觉，不知道能量场到底如何运作。

本书不仅解释了能量场是如何运作的，还给你们提供了九个实验，这些实验不花费分毫，你只需付出一点点时间。它们能向你证明思想实际上都是物理的"存在"。是的，你没有看错，是"证明"！

本书中的九个能量原则将让你确信：在生活中，不管你是否意识到能量场的存在，它都始终随时待命。它的存在比任何物理定律都意义深远，就像重力的存在般切实可信——只要你学会静下心来，彻底弄明白自己到底想要什么即可。同时，你还要学会确定最终时限，要克服自己万事不顺的错觉——其实，你从来都不能确定自己到底是哪里不顺。为了有效地使这一定律运作起来，你要坚信整个宇宙是富裕而慷慨的，会恒久地为你提供源源不断的支援，而且你必须将这种理念刻入骨髓。

我不记得具体何时开始实施的这种"自我塑造"实验，只是越来越清楚地意识到：如果我不亲身体验和参与，以前读过的所有关于精神的理论和书籍就都毫无用处。

跟大多数人一样，我也婴儿学步般地开始了——先是祈愿一些微小的事情，比如说找到一个适宜的停车位，找到一株四叶草，能采访到那些报纸头版的大人物，等等。但是，所有的"结果"都证明：确立一个框架，限定一个最后期限，使用一个科学化的实验方法，对于促进精神的转化至关重要，我现在将其命名为"钉子实验"。

多年以来，我的床边都挂着一个日历。我要经常翻开这个日历来标记一些重要的事件，或者查阅自己上次理发、见朋友、看牙医之类的具体时间。有一天晚上，我拽日历的时候稍有点用力，结果把固定日历的那颗钉子拽了出来。我趴在地上，手脚并用，想要找到那颗小钉子。想想看，一颗小钉子能跑到哪儿去呢？我找啊找啊找啊，可它显然是用哈利·波特的隐形衣隐身了，遍寻不着。

后来我意识到自己在地毯上手脚并用爬了很长时间，于是决定发出一个指令，勒令那颗钉子在24小时之内现身。

第二天早上醒来的时候，我发现那颗钉子就夹在我的大拇指和食指之间。自那之后，我就开始体验各种各样奇妙的事情——从与帅哥约会到经常性地为丰田普锐斯撰写旅行游记——但这一切的一切，都不如那颗小钉子的经历让我感到惊讶。

我的实验结果让我深信不疑，所以我决定复制和推广这些经验，想看看它们是否在其他人的生命中也一样奏效。我开始建议一些朋友尝试这些简单的小实验。我的同事——团结教会的一个牧师，让她所有的会众都使用本书每一章最后的实验报告。

人们在周末组团进行能量训练，各种各样的奇迹——应验！

想要理解能量精神的原则，我所确知的最好办法，并非简单地阅读或倾听一个说道者在台上演讲，而是要将其置于某种框架之内，然后演示它是如何运作的，在行动中去见证它。就像你在本书实验中所体验的那样，它会给你一个令你信服的结果。这也是将你从那些"教条式"的脑内建筑中释放出来的唯一办法。

新课程 ━━━━━

"我必须在这里找到它，就在这里，我要从那漫不经心、拖拖拉拉的俗世生活中解脱出来……"

——鲍勃·萨维诺，诗人

"督爷"逗留原则[1]

"有一种看不见的能量，或者说一个拥有无限可能的能量场。"这是最基本的原则，其他原则都建立在此基础之上。这一原则可以被当作终极法则。你将会用48小时来让这股力量显形。你需要提出一个清清楚楚的、不会出错的要求，要求出现某种不能用巧合来解释的事情。

大众捷达原则

还记得你几年前买的那辆车吗？当你认定某个型号的车子是你梦寐以求的礼物之后，它给人的感觉就是独一无二的，你认为自己会是整个城市里唯一骄傲地驾驶着它的那个人。然后，到你在广告里看到它，确定了要支付的金额，最终来到汽车销售商那里的时候，你会发现大概有

---

[1] "督爷"是科恩兄弟的电影《谋杀绿脚趾》（*The Big Lebowski*）的男主角。

八分之一的车子都是你特别想要的那个品牌。也就是说，当你开始想到某样东西的时候，你就把它带进了你的生命里。

我们所拥有的某个念头，或者我们所做出的某种判断，都会影响那个能量场。事实上，现实只是因我们的观察而被赋予某种形状的能量波。这一原则要表明的就是："你影响了周遭的能量场，而你的信仰和期待决定了你能从这个能量场获得什么。"为了证明这一点，我们将会为你设立一个明确的想法："这个将是我在接下来的48小时里要获得的东西！"

阿尔伯特·爱因斯坦原则

尽管"你是一个能量场"是所有精神原则的奠基石之一，但它是在科学实验室里最先被发现的。这似乎有点矛盾，但确实是科学家最先发现了它的存在：人类自身并非某种物质，而是持续移动的能量波。事实上，你可能也已经注意到了本书的书名，它其实是借用了爱因斯坦的一个著名方程。

这是唯一需要点设备的一个实验——其实那仅需一个金属衣架（我猜每个人的衣橱里都会有，除非你是个彻头彻尾的懒虫）和一根吸管，就是那种你不用付钱就能在任何一家麦当劳里都能要到的吸管。

巴拉巴拉咒语原则

我们多数人一想起"巴拉巴拉"（abracadabra）这个词，都会联想到从帽子中变出兔子的戏法来。事实上，abracadabra这个词来自阿拉米语，翻译成英语的意思是："我创造我所说！"这真是一个强大的概念。这就是为何爱迪生在他真正发明某个东西之前，总是声称它已然在脑中"成形"了。这也是为何金·凯瑞在他拍一部电影之前，就为自己开了张价值100万美元的支票。

简而言之，这一原则要说的是："凡是你全神贯注想要的东西，就一定会膨胀显形。"在这一实验里，你会意识到我们的大脑永远不会空闲，但我们大家都只是漫不经心地活着，任凭其胡思乱想，让各种杂念到处游荡。

亲爱的艾比原则

这一原则告诉我们："你和能量场的连接，为你的人生提供了无限多的精准指导。"通过重新排列你的意识，你会找到令你疑惑的所有问题的可靠答案。为什么之前你一直都懵懵懂懂、一无所知？只因为你已被驯化到只能以最不自然的方式去感受碎片化的东西，而不知道和你的能量场进行沟通。

超级英雄原则

在这一实验里，你需要随时遵循这一原则："你的思想和意识，影响着所有的物质。"你需要复制加里·施瓦茨博士在亚利桑那大学所做过的一个实验，这一实验演示了如果向植物发出某种指令，和其他未曾接受指令的同类植物相比，这些接收到指令的植物要长得快得多，而且叶子上反射出的光芒更明亮。

意念"共舞"原则

不管你是不是一个喜欢阅读说明书或标签的人，你都应该意识到：凡是你所吃的食物都含有各种维生素和矿物质，当然了，还有卡路里。你很可能以为这些营养品都是事先配制好的，如果一杯酸奶背面写着它只含187卡路里，那么，你就会牢记这个数字，但你所不知的是：你的意识影响着身体机能的运作。一旦你为自己吸收了不少卡路里而愧疚的时候，你所吃的食物就会感受到这种负面情绪，然后直接反映给你的身体。在这个实验里，你需要满怀爱意地消化你的食物，然后，你将会懂得："你的思想和意识，将会为你的物质之身搭建好构架。"

101条斑点狗原则

这一至关重要的精神原则是："你和世间的万事万物都息息相通。"科学家将此命名为"非定域性原则"。如果你看过动画电影《101条斑点狗》的话，你会在这部影片里看到这一原则的显形。还记得黑心克鲁拉和坏蛋同伙企图抓捕逃跑的狗狗们时发生的事情吗？在狗狗藏身的那个谷仓里，那只年长的苏格兰猎犬向邻近县里的一只巴塞特猎犬发出求救的吠叫声，而那只巴塞特猎犬，又把这一求救信号进一步传达给远方的一只腊肠狗。只有在量子物理世界中，才会出现这种信息的瞬间传递。苏格兰猎犬知道小狗崽们需要帮助的同时，那只20英里之外的腊肠狗也知道了。凡是发生在其中一个分子身上的事情，马上就会被其他分子感知。在这个实验中，你可以试着向远方的人发送信息，但是不准以发邮件、写信或者弄个大爆炸的方式去联系他们。

鱼和面包原则

这一原则强调的是："宇宙是无穷无尽的，是富饶无限的，而且能进行奇特的自我调适。"它也同时证明我们的一切担忧都是杞人忧天，或许，你所要做的，只是冷静下来做个深呼吸。

一个更真实、更宏大的愿景

"如果只是一味地和现实做斗争的话，你永远也改变不了任何东西！想要改变，你需要先建立一个新的模式，才能将那过时的旧模式取而代之。"

——巴克敏斯特·富勒，美国未来学家

当了解到你并非第一个将自己的生活当作试验田的时候，我希望你会感觉好受一点。伟大的巴克敏斯特·富勒在32岁时，做出一个重要的决定，他想做个实验，看看一个身无分文的无名小卒，能代表人类做点什么。他将自己命名为"豚鼠2号"，然后致力于要为人类带来变化。

在他刚开始做这个实验的时候，他只是个"落魄的小人物"，遭受破产和失业的折磨，却必须承担起抚养妻儿的重任。他的第一个孩子此前不幸夭折了，他日日酗酒，借酒消愁。

看起来他根本不可能拥有一个辉煌的未来，但他决定不再纠缠过去，也不再受制于禁锢自己的思维模式。他想弄明白："一个人究竟如何改变世界？"

在接下来的56年里，他用满腔的热情投身于他那前无古人、后无来者的实验。他接受各种各样的挑战，并总在自问："如果我实现了呢？"

后来，他不仅成为一个建筑设计师、发明家、作家，还成为一位伟大的人类精神领袖。从他开始实验的1927年到他去世的1983年这段时间，他一共写了28本书，获得了44个荣誉学位，在美国注册登记了25项发明专利，真真切切地改变了人类看待自己的方式。

这也是我期望这本书能助你实现的，希望它能帮你改变看待自己的方式，激发你用自己的人生去做一场实验，好好发掘自身的能量，创造自己最精彩的人生，成为一个最快乐、最美丽、最温柔的人。

"波塌缩"

我们被自己所习得的严重扭曲

"人类最大的错觉是以为除了自己的觉识以外，还有别的诱因。"

——内维尔·戈达德，作家及神秘主义者

只要有点名气的魔术师都心知肚明，他那些花哨的招数之中，最关键的一个就是"分散注意力"。魔术师把观众的注意力从他真正要使的花招上引开，诱导他们全神贯注于那些看起来很重要而实际上毫无意义的动作。

我们大家也是如此——把注意力引到物理世界中去。这种感官上的"虚张声势"，诱使我们错过了那些看不见的"事实"。其实，对我们的人生来说，肉眼看不见的远比我们可见的事物更重要。

量子物理学家告诉我们：看不见的能量范围—— 一般被称为能量场

或者就像我习惯称呼的FP，才是掌控物质世界的主要力量。这个能量场是塑造现实的蓝图。事实上，我们现在已经了解到宇宙其实空无一物，只是一些能量波和能量粒子，它们随时准备根据我们的期望、判断和信仰组合成形。

最细微的能量、思绪、情感以及意识，都对我们的人生期许起着举足轻重的作用。但因为这些都是肉眼不可见的，所以我们未曾有意识地去了解或者满怀爱意地唤醒它们。要改变世界其实很容易，你只需改变你的种种期许和信仰——就这么简单。想要将某种东西牵引进物理世界，我们不能只局限于我们所能看见的，而要全神贯注于我们所想看到的！

很好、很好、很好、很好的振动

> "'人类知觉的厄尔尼诺'已经到来！"
>
> ——黛安娜·科林斯，《你量子思维了吗？》的作者

好，你可能要问了："只通过思想去影响世界，怎会如此简单？"事实上，一百年前没人会相信，一群"美国偶像"所唱的歌曲借助一个发射塔，就能穿过层层砖瓦、玻璃、木头以及钢筋水泥，到达你家的电视机屏幕上。也没人会相信，一个不比一张卡片大的手机，可以助你和2000英里以外的姐妹说上话。

你的思绪，就像电视频道播放的节目和手机上听到的声音一样，都是振动的波。当听到痞子阿姆说唱他女儿的故事时，你的耳膜接收到的只是些振动的声波。当你看到布拉德·皮特的手杖或者麦当娜的单只皮手套（他俩在2012年金球奖颁奖仪式上被人们所嘲笑的配饰）的时候，你所看到的只是光波拼成的图案而已。

那其实也是你的思想——是会与能量场进行交流互动的振动能量波。你现在的思绪、你曾经有过的念头、你即将出现的想法，都能产生某种振动，然后进入能量场，永不停歇地延展开来；再然后，这些能量波撞上其他的能量波，纵横交错成一片能量迷宫。当足够多的能量聚集起来，它们就可以凝结成形。还记得爱因斯坦说过的话吗——物质是由能量聚集而成的。

能量场只是简单地听命于你所释放出去的能量波。你的意识波会驱动所有的情境、人和事件，将它们吸引到你的生命中来。举个小小的例子吧。几年前，我想要一个马铃薯搅拌机，但我没和任何人提过这件事，我只是在脑海里提醒了下自己：下次去沃尔玛的时候，记得买一个马铃薯搅拌机。那天晚上，我的朋友温迪突然来访，随身还带来了她清理橱柜时不要的一些用具，其中就包括一个马铃薯搅拌机！还有一次，我决定要给自己的生活多增加些欢笑。不到两周时间，我就开始和托德约会，他是一个乐天派的同事，后来还成了一名喜剧演员。

我们在生活中所认为的巧合，其实是能量和能量场互动的结果。大多数时候，我们只是漫不经心地启动了内在的能量，完全忽视了所思所想所为会引发惊人的蝴蝶效应，并因此激发了自己的无限潜能。

我们无须听从一个默认的系统，因为那样无法充分发挥我们的想象力或可能性。

人们以为神全知全能，想象他能控制能量和物质，但事实上——你，也是自己的神。

作为一个单亲妈妈，我绝非那种值得别人效仿的"典型"，单亲妈妈就像黑人或犹太人似的，一想起他们，人们就会有些先入为主的偏见。在人们看来，我应该过得穷困潦倒，甚至得靠领救济金活着才对。

如果把那种人生当作一个可选的频道，我决定选择观看另外一个，集中注意力去创造一个不一样的现实。

我在个人网站上如此描述自己："潘·格鲁特是一个环球旅行者，一位称职的母亲，一名畅销书作家，一个百万富翁，一个激励、感染了她遇见的所有人的见证者。"大概20多年前，我开始聚焦于这些事情，那时候我还不曾生养一个孩子，还不曾成为一个环球旅行者，也尚未成为一名作家。因为这种种欠缺，我还不曾真正欣赏自己。

聚焦于自己真正想要的目标，看来卓有成效，因为我可以自豪地告诉你，截至今天，如上的几项描述只有一项尚未实现。猜猜看，到底哪一项还需我继续努力？迄今（2013年）为止，我写了16本书、两个剧本、一部直播肥皂剧，数不胜数的杂志发表了我的文章。在过去的20年中，我并未像多数人一样朝九晚五地工作，可我也并没有饿死街头。我一直在坚持写旅游博客（www.georgeclooneyslepthere.com），而因为这个博客很受欢迎，我已经走遍了七大洲。我写过各种各样的游记，从在新西兰蹦极，到在摩洛哥砍价买地毯，再到去尼加拉瓜摘咖啡豆。

我还没有尝试过从飞机上跳伞，因为我得为自己的90岁生日留点好玩的事情。

精神启蒙的第一步：放弃你对传统现实的依赖 ___

"我们都是同一个故事的俘虏！"

——丹尼尔·奎因，《伊斯梅尔》的作者

现实世界并非注定要成为现在这个样子。

如果说你所信的一切皆是虚幻，也不算言过其实。在过去的100年中，物理学家至今都没弄明白，牛顿的经典世界观为何在解释"世界到底如何运作"的时候就是讲不通。亚原子领域公然挑战各种因果定律和逻辑，大多数科学家都不敢用他们的学术声誉去冒险，所以都假装世界本该如此，从而或多或少地忽略了生命其实空无一物的事实。

实际上，一切都如此吊诡——粒子无处不在，时间减速又加速，即使间隔千万里，粒子间依旧能互相沟通和交流——而科学家们对这一事实的利用就是开发些新的科技，供我们相互发射导弹，收发短信，接打电话，用微波炉烹制电视时光必备小食——"饥饿人类"（Hungry-Man）。

即使是物理现实的两大基本要素——时间和空间，也不像它们表面所呈现的那样。其实这两大物理世界的支柱只不过是令人信以为真的视觉幻象而已。物理学家如伯纳德·德斯帕那特——140万美元的邓普顿奖奖金的获得者，告诉我们：到了我们应该改变传统自然观的时候了，我们必须建立一个与过去完全不同，却更准确的现实观：我们周遭的一切事物，不过是思想的"凝结"！

尽管地球上所有科学家都意识到：在这个诡异的宇宙中，物质总是无中生有，电子总是能够从一个轨道跳进另一个轨道，甚至无须经过中间通道，但多数科学家都刻意忽视这一点，只是耸耸肩，继续选择模棱两可的旁观态度。

但他们并非全都视而不见。正如我前面提及的，他们已经利用新物理发明了激光、晶休管、超导体，还有原子弹。但是他们仍旧无法解释量子世界到底是如何运作的，正如物理学家詹姆斯·特赖菲尔曾断言的："我们进入了宇宙的一部分，我们的大脑却无法理解这个部分。"

个别勇敢的物理学家开始承认他们之前的某些猜想很可能是错误的。他们承认物理现实的一些基本原则其实并非固定不变，一些更勇敢的科学家甚至直言，因为有了意识，物理世界才得以"显现"。（正如弗雷德·艾伦·沃尔夫博士——一位被称作"量子博士"的物理学家所说："归根结底，如果我们未意识到宇宙的存在，宇宙就不存在！"）

我所要说的只是："一切与时间有关！"

《奇迹课程》（*A Course in Miracles*）是一本关于精神心理学的自我修行书，我已经修习并教学25年，它倡导一个观点：物质世界只是我们意识的投射。它声称我们人类自己事先就决定好了我们要经历怎样的生活，事先选择了我们想看到的一切。

问题是，当我们观察这个世界的时候，我们是用被"植入芯片"的大脑去看的。我们需要做的就是改变乱糟糟的生活，克服对这个世界的不满，开始积极地看待一切，期待一个耳目一新的现实，而不要再像现在这般，将全部的时间和精力（如果你愿意的话，也可以说是我们的意识）投注在并不想要的事物上。

这只不过是一个坏习惯而已，就像别的坏习惯一样，也可以通过我们的意识和自觉努力去改变！

它是它所不是的样子

"人类的世界观都建立在五种感官并不确切的感知之上，其实很多时候，这些感知都不够真实有效。"

——沙菲卡·卡拉古拉，土耳其裔医学博士和精神病专家

就在此时此刻，你称其为家园的这个星球正以大概每小时930英里的速度旋转。同时，它还环绕太阳轨道以66,486英里的时速前进。不过除非你喝得烂醉，不然根本感受不到这样的旋转运动。以上就是我们如何曲解现实的一个小小的例子。

事实证明，很多我们毫不怀疑就接受的观念和判断其实都是些错觉。就在我们出生后不久，我们的大脑就建立起一个概念模式，然后开始将一切都囊括进那一模式之中。换句话说，我们所"体验"的，只是

些与我们有限的认知相吻合的事物。

　　一个来自菲律宾的女孩告诉我，她在到达美国几周甚至是几个月之后，才意识到这里很多人的头发都是红色的，其中就包括那些经常和她打交道的熟人。红发和她习以为常的头发的颜色格格不入。因此，数月以来，她对周围人的红发毫无察觉，自动将那种颜色"调成"她所习惯的黑褐色。

　　现在，科学家们都知道我们的大脑每秒要接受4000亿条信息。为了使你能明白这些信息的量有多大，我们设想一下：如果要印4000亿个零的话，就需要印60万本正常大小的书。更别说现实世界有多丰富了。那该怎么办呢？首先我们要进行筛选，先缩小范围。"我就只取那边的一条信息——因为和我那部正热播的情景剧很吻合。"当这一切都完成之后，我们现在就只留下为数不多的2000余条信息。好了，上前鞠个躬感谢一下，因为这个结果已相当不错。然而，每秒2000余条信息，反映出我们所选择接受的其实只是广阔现实世界的0.000000005而已。

　　如果每个钢笔尖点的黑点是一条信息，我曾经练习过，我每秒至多只能点5个黑点。就假设你每秒能点10个黑点吧，这每个小黑点就是一条信息，想要大脑每秒能处理那么多信息（2000余条），即便你以每秒10个黑点的最高速度落笔，大概也需要三分半。而如果你的大脑要处理所有可选信息（4000亿个黑点）的话，大概需要1268年才能完成。

　　我们的大脑总像个筛子一般不停地进行筛选，挑选出哪些信息需要去"看"、哪些信息值得相信。因为懒惰，我们选择去感知的信息——没错，只是选择——都是些我们已熟知的东西。我们看到的、感受到的、尝到的、触摸到的、闻到的，都不是完全真实的世界，而是被我们严重浓缩过的世界，一个被我们的大脑逐字逐句处理过的修订版的"幻象"。在我们聚焦之外的世界，则完全被忽视。约翰·曼塞尔——哈佛大学的神经科学家说过："人们想象自己看到的是世界的真实的样子，实际恰恰相反。"

一旦你的大脑决定让哪些信息进入，它就开始在不同的神经细胞中间搭建桥梁，在神经纤维间穿针引线，修建传导通路。普通人有1000亿个神经细胞，每一个细胞又有无数的延伸，因此每个人的大脑里都建造了纵横交错的高速通路。可以说，你脑海里的神经传导通路地图与约翰尼·德普的区别就像威斯康星州的地图和罗得岛州的地图。

一旦你大脑里的神经传导通路建成，就不会再去这个国家的其他地方窜游了。我的家乡堪萨斯州的70号州际公路就是一个完美的比喻。不管你信不信，事实上，堪萨斯州就像《绿野仙踪》里的奇境一般，拥有各种各样的地貌。比如说，在堪萨斯州的西北角有一个微型大峡谷；在昆特的附近还有一个名叫城堡石（Castle Rock）的七层石灰岩构造。但是，自从人们开始跨州旅行后，很少有人再关注州内这些令人流连忘返的美景，以为堪萨斯州一马平川，景色平淡无奇。

就像70号州际公路的设计者，他们选择了最快、最便捷的一条路径，我们建造神经传导通路的时候，也会选择最便捷的一条通道——我们之前已经走过无数次，但它并没有给我们展示现实的全貌，甚至与现实差距甚远。我们并没有看到全部的风景——因为与我们本该花费的1268年相比，我们只花了3.5分钟而已。

我们大脑里的公路和高速通道都是很早就建立起来的。我们刚出生时，存在着各种可能性。以学习语言为例，每个新生儿，都有能力接收任何一种语言的任何一个声调。他们可以接收西班牙语里的R卷舌音，也可以接收德语里的双元音。

不过，很快地，我们的大脑开始用我们每天听到的那些声音搭建神经传导通路，同时屏蔽掉其他语言的发音。

大部分说英语的人都可以很自然地读出这个绕口令："Rolling Rock really rouses Roland Ratinsky."但是当中国人刚开始学英语时，没有合适的神经传导通路能帮他们准确地发出R这个音节，因此他们经常会把fried rice读成flied lice。为了不让人说我有种族优越感，或许应该补充一下，我曾努力想学会德语里的喉音，却发觉自己的神经传导通路完全封闭，学习德语处处碰壁，最终无功而返。

要想证明你的大脑是怎样创造这些虚拟现实的，一个很好的例子或许是我们每晚所做的平平常常的梦。在梦境中，一切经历都如此真实，而一旦闹钟响起，虚拟的情境就像肥皂泡般幻灭不见。

我们的神经传导通路总会引导我们重复以前做过的事情。就像一个三岁的小孩子坚持要把《小美人鱼》看上一遍又一遍一样，我们也牢牢坚守着自己那些扭曲的幻觉，有时候你会忍不住地喊：把你那双血淋淋的手从我的幻觉上拿开！即使我们已经很痛苦了，我们还是倾向于把信仰置于亲手建造的灾难中。

我们眼看着事物成形 _____

"这并不需要什么信仰，唯一需要的只是想象力……如果你的想法足够具象的话，它就会像一辆卡车，冲着你呼啸而来。"

——理查德·巴赫，《幻影》及其他一些哲学小说的作者

学习如何进行能量转换非常重要，如同我们学习阅读、书写和算术一样，需要精心钻研。首先要具备足够的决心，那是一股隐身在万事万物之后的强大力量。你的决心就是能量，是燃料，是建立共振场的电荷，可以给FP注入各种可能性。使普罗大众悉知亚伯拉罕–希克斯吸引力法则的埃斯特·希克斯，他把这个决心叫作"发射出欲望的火箭"。只要你注意到它，你就可以增加它的质量。

一旦你下定决心要得到什么，你就开始创造它了。这两者几乎是同时发生的，事实确凿，你却从未留意过它，因为你一直在循规蹈矩地运转。你遵照那些陈腐的教条活着："创造事物需要时间！"所以，你依旧兢兢业业地工作着、等待着，依照最新的七步自助教程按部就班地生活。

而物理学家告诉我们：在量子世界里，一切事物并不是按部就班的，而是即刻发生的。

因此，一旦你决定要某件东西，从你开始渴望起，它就存在了，但是就像薛定谔的猫（奥地利物理学家欧文·薛定谔在1935年提出的一个著名的思维实验），你所意识到的现实，只是你选择去观察的那一部

分。在你当下的意识之外，物理现实尚未打开。

顶尖物理学家告诉我们：生活是多维的存在，但我们大多数人都困守在自己的单维物理现实中，恪守着我们五种感官的经验。这些武断的、"万能的"观察方法，提供的只是些我们决定要找的东西。这甚至都不是"先有鸡还是先有蛋"的问题。我们所看到的、所体会到的、所感受到的都取决于我们决定要看什么、要体会什么、要感受什么。

我喜欢把我们的知觉比喻为一栋摩天大楼。我可能只是住在第2层，而我用思想所创造的"东西"已经累积到了17楼。除非我爬到了17楼，否则我所创造的东西仍旧隐而不现，我只能继续等待。

还有一个类似的东西就是电视，如果是有线电视的话，将会有100多个频道等待你挑选；但如果是硬盘数字录像机（TiVo）的话，你就只能一次看一个频道。看电视的时候，假若你在收看《摩登家庭》，会被卡姆、米切尔、菲儿和格洛丽亚等人的古怪行为逗得哈哈大笑，却完全忘记了其他99个（甚至更多）频道的精彩节目。所以，坚持你所想要看的那个频道非常重要。不要让你试图逃离的现实占用了这个节目的播出时间，直接根据你的决定去调频道。

我们总是拨号进入并不喜欢的节目

"我们生活在一个崇尚局限性的世界。"

——塔玛·基芙丝，《此时起舞》的作者

1. **我们并不是真在这儿——不在"这一刻"**。"现在"是一个力量点，因此，瑜伽修习者轻易就能有意识地清除自己大脑里的数据，改变自己的心率、脉搏以及其他身体机能。如果你并不是真在这儿，你的大脑就不会奉命去做你要求它去做的事。因此，驯化你的意识，每一分每一秒的知觉都异常重要。否则，你就只能受制于那些被层层包裹的陈腐信念，那些你五岁之前就已经下载到脑海里的教条般的"经验"。难道你真愿意让一个五岁的孩子操控你的生活？

当我发现自己的意识大多数时间都彷徨在"当下"之外时，我便开始用一个类比提醒自己：UPS（联合包裹服务公司）快递员已经带着我需要的所有东西到了家门口，但因为我不在家，所以无从得知，我还晃荡在外面寻找各种微不足道的替代品。而事实是，万事俱备，我只需把我的意识从那无边无际的时间之流中带回"当下"即可。

2. **我们误将其定义为艰难**。我们的思想能够创造一切。这一点毋庸置疑，但我们总喜欢告诉他人，特别是我们自己：事情很难，我们还在努力之中。在接下来的两天中，请你稍微留心一下，你到底强调了多少次"很难""有点难度"；留意一下你有多爱说"事情本来就是这样"或者"人生就是如此"；我们浪费了多少时间去讨论那些无用的事情，却错过了最关键的一点：我们完全有能力去创造更有用的事物。

3. **我们总在谈论负面话题**。我们沉迷于什么？疾病、困难、过去的灾难。我们做了哪些准备？紧急救援。我们喜欢死咬住难题，问"这到底是怎么回事"。一旦我们开始寻找正确的东西，生活就会按照新的指令，以一种不可思议的方式运作，揭开新的篇章。

这就是真理。每一件"错误"的事情都有相反的一面。我们所认为的缺失,其反面是丰富多彩;令我们困扰的疾病,其反面是健康。两种观点同时存在,关键是看你选择哪一面,另外一面会自动隐身。

不幸的是,当生活在时空意识之中时,你一次只能看到硬币的一面,但是要谨记:另外一面也是真实的存在,你只需把硬币翻个面就行了。事物有两个对立面(比如说丰盈和短缺),关键在于你决定依赖哪一面来生活。

4. 不要以为我们已经认知一切。一旦你为某个事物定义后,你就不再怀疑。一旦你了解了某件事情,它就成为现实,但了解的过程,总会受到种种限制。用量子物理学的专业术语来说,"波塌缩"导致不再有奥秘,不再有奇迹,不再有新的发现。想想看,如果你用一只胳膊抱着一摞书,另外一只挎着个杂货袋,你就没法捡起其他任何东西了。你可能拥有很多知识,一张张学位证书都裱在摩天大楼二楼的镜框里,但是一定要清醒地记得,还有其他楼层(也就是说多维面)的存在,你已知的一切可能会阻止其他的无限可能。

5. 我们的大脑很强大,足够在大脑之外创造更强大的东西。这也是为什么在做本书的这些实验时,不要妄加判断,要确信它们真的会生效至关重要。

6. 我们还没有真正实践过。使用FP来引导你的生活,这不是一个智力练习,也不只是一个理论,而是需要真刀实枪去演练和践行的,就像熟练弹奏钢琴的连续音阶或者打乒乓球一样。泰格·伍兹获得全美业余高尔夫球赛冠军的时候,只有18岁,但是他已经累计打球16年了。现在他仍旧每天投入大量的时间去进行体能训练。你不可能生来就拥有智慧，你只能通过学习变得聪慧，这就是本书的起源。

选择另一个频道 ▬▬▬▬

"把你自己从大脑的奴役中解救出来，除了我们自己，没有别人能解放我们的大脑。"

——绿色环保网站上售卖的车尾贴

写作本书的目的，是将你从幻觉的牢笼中解救出来，帮你抛弃那些大批量生产出来的而你一直信以为真的思想观念。好消息是你无须改变你的任何行为习惯，唯一需要改变的只是你的思维方式。

设想一下，你近期一直没有上亚马逊网站，那上面有成百上千本关于如何改变形体的书。据最新统计，光是与"发髻"这一主题有关的书和CD就多达678项。而据我所知，没有一本书是教你如何改变你的大脑思维的。事实上，你的大脑，你那死板的思维模式，你胡乱搭建的神经传导通路，才是你所有问题的根源。就像新近才为大家所熟悉的一位勇敢的物理学家弗雷德·沃尔夫所说的：是意识自身创造了物理现实——你得牢记这一点。那些"发髻"，甚至也绝不是板上钉钉的存在。

你会时不时地去常逛的鞋店看看，但无论你去多少次，都不会发现店里有牛奶出售。你一直都迫切地想要改变你的体形、改善你的人际关系，但除非你学会如何改变自己的思维模式，你的"完形填空系统"才会开始运作。

当你认为自己的大脑已固若金汤的时候，想要控制自己的思维的确很有难度。但是，如果你能定一个时间段，然后对本书中的实验一项一项地践行，你的大脑就会松动，就会愿意去尝试新的可能。本书的实验就像那些12步改变人生的教程一样。现在，就为你的大脑确立一个目标吧！

本书提到的所有实验中，只有两项需要48小时，在漫长的70多年人生里也就两天工夫而已，即使意志最薄弱的人也能轻易完成。为什么一定要让你花上48小时呢？暂且以"老套的截稿原则"为例，当编辑给出一个最后期限时，他或者她就会开始根据那个时间点来验收你的稿件。最后期限给了我们某种期待，某种我们想要得到的东西。再打个比方，你开车到一条陌生的乡间小路上，睁大眼睛搜索着路边的绿色邮筒，想在那里左拐去相亲对象家。其实如果你能确切地知道那个邮筒离你拐弯的上一个路口有8.1英里的话，一切就简单多了。否则，你就会焦躁不安，担心自己是不是已经开过头了。最后期限所起的作用，只是给你的注意力提供一个"锚点"而已。

有一次，我试图寻找指引，想知道自己可不可以做一个全职的自由撰稿人。当时，我在一家小公司上班，每周工作20个小时，同时兼职写点文章。

"我真的很喜欢资源发展部，"我指的是自己的工作部门，"但我还有个梦想，您知道的，我想做一个自由撰稿人。这并不是说我不喜欢去撰写些筹集资金的信函，只是我更希望去追求自己的写作理想，写出那些在我心底熊熊燃烧的故事。"

当时我已经接到不少约稿，有一些全国性的大杂志向我抛出橄榄枝。对一些人来说，答案不言自明，但我这个人比较迟钝，想要得到一个准确无误的指示。还好，第二天，我就收到了公司的离职批准书。

还有一次，我的约稿变少，我就开始四处投简历，这是我每次感觉恐慌时常做的事。两周时间不到，我就接到了一份工作——为当地公交车写推广文案，这份工作比我当时做过的其他任何工作都更赚钱，但我怎么会忍心放弃自己一直坚持的梦想呢？

我真的为自由撰稿人生涯做好准备了吗？我又一次开始寻找一个明确的指示。我需要在24小时之内给我未来的老板一个肯定的答复，我到底要不要接受这份新工作。

就在第二天早上，《悦旅》杂志（Travel + Leisure）向我发来约稿邀请，那可是我最想投稿的杂志！

我挂上电话，欢呼起来，兴奋得像个刚进了球的运动员。那天我的命运之神肯定情绪特别好，因为15分钟后，我又接到了另外一家杂志社的电话，以前我从未听说过这家杂志，更不用说给他们投稿了。这家杂志社打电话给我，想要我写一篇关于堪萨斯州的牛排的文章。最后，我不得不给差点成了我老板的人打电话："谢谢您，但是我不去了，抱歉！"

就像《奇迹课程》里所讲的，想要进入某个领域，你只需把你全部的精力都集中起来，确保自己绝不三心二意。

　　我们当下的念头其实都倾注在并不想要的事物上。我们想要的东西只占据了大脑那么一丁点的容量，其余大部分容量都被浪费在那些陈词滥调上：关于匮乏，关于艰难的人际关系，关于永远得不到的爱情。

　　为何你大脑的99.9%都浪费在并不需要的事物上？因为这个世界错误的安装系统将其定义为"正常"。错误的安装系统会让你看到洪水和地震的新闻，让你听到某个亲戚癫痫发作的消息……即使你自己也明白，想摆脱它几乎是不可能的——至少从理论上来说希望渺茫，但我们可以另辟蹊径。

　　就拿破产来说吧，我们大多数人都不愿意自己遭遇破产。该怎么办呢？我们加班加点地工作，不停地给自己的理财顾问打电话，阅读各种各样发财致富的书，却完全忽视了最重要的一点：我们想要"变得"富裕，却把全部精力放在"我很穷"的思想上。其后果便是：我们提前决定让自己破产！

　　如果我们的思想建立在"我们已然很富裕"的基础之上，如果我们对已获得的富裕生活心怀感恩——比如感恩我们亲爱的家人和朋友，破产的事情自然而然就不会发生。只有当我们全心全意地去想某件事情时，它才会随之发生。这，就是我们大脑的力量！

　　我的朋友卡拉坚持认为：要是你感觉自己快要破产了，只需跑去购物就行，很快地，"你就会把那股晦气踢到九霄云外"！我记得她的原话就是这么说的。有一次，我被出版社委派出差去墨西哥的麦基诺岛。那时，我自由撰稿人的生涯才刚开始。入住当地一家超豪华的酒店后，我才察觉自己匆匆忙忙中塞进行李箱里的衣服根本配不上电影《时光倒流七十年》中简·西摩尔的衣柜里的，甚至也无法穿出去到外面那长达660英尺的走廊上散步，无法和酒店里那些时尚的客人一起参加优雅的茶会。很明显，我的衣着太不得体了。先后有五道菜的晚宴即将开始，而那些人都西装革履的。

我溜达进酒店里昂贵的礼品店，双眼立刻被一条漂亮的绸缎裙吸引。我偷偷瞥了一眼标价，便知道它大大超出了我的预算！那时我就决定要买下它，要像一个成功的自由撰稿人那样"行动起来"。我买了那条裙子，坚信自己已经踏上了崭新的职业旅途，马上就会实现自己的财务自由的梦想。

固化思维是一只宅在家里的"小狗"

"每个人都想改变世界，却没人想到先要改变自己！"

——列夫·托尔斯泰，俄国作家

如果你的习惯和我差不多的话（总是拖拖拉拉、迷迷糊糊、三心二意），改变你的思维模式绝对有很大难度。

我经常将固化思维比喻成一只习惯宅居的"小狗"。你必须不停地将它领出屋子，让它看到外面的世界有多精彩，最后让它意识到：外面的世界好大，比起在主人的破拖鞋里撒尿，原来在大树下、草丛里，还有消防栓下撒尿更好玩！当你把自己的思维拖拽出去后，它也会为外面那些数不胜数的美景心醉神迷。

你唯一要做的事情，就是把你的注意力只集中在真正想要的事物上。如果你想得到平和的心境，就只考虑平和；如果你想得到爱情，就只考虑爱情；如果你想要Jimmy Choo（知名鞋包品牌）的鞋子，就只想着Jimmy Choo的鞋子。不要心存疑虑，担心你想要的平和心境遥不可及，担心你想要的爱情远在天边，担心你口袋里的钱买不起Jimmy Choo。全神贯注于你想要的东西，任何时候当你看到那只宅家的小狗想冲到拖鞋边上去时，就把它提溜起来，拉到外面的世界去。

在电影《怒火救援》中，丹泽尔·华盛顿扮演了一个前特种部队的工作人员，后来担任墨西哥富豪的年轻女儿皮塔的保镖。尽管丹泽尔试图保持中立，装出一副事不关己高高挂起的态度，他最终还是成了皮塔理想的"父亲"，他辅导她做家庭作业，帮助她在游泳队里站稳脚跟——因为游泳是她最喜欢的一项运动，远远超过她父亲坚持让她学习的钢琴。在他们的游泳训练课上，丹泽尔一次次地喝问道："你受没受过训练？"皮塔则兴高采烈地回答："受过！"

因此，我也将一而再再而三地问你："你的大脑受没受过训练？"

期望你能大声地回答："受过！"

"在未来的几年里，人类最伟大的发现和发展将会是在精神领域取得的突破。这是历史经验教导给我们的一股强大的力量，在人类的发展历史上，这股力量一直都无比强大。但是我们对它的研究却只浅尝辄止，未曾像对物理世界那般认真钻研过。将来总有一天，人们会意识到：物质的丰富并不能给我们带来幸福，也无法让男人和女人们变得更有创造力、更强壮。届时，这个世界上所有的物理学家，将会把他们的实验室转换成研究精神力量的阵地。当这一天到来时，在这个世界上，一代人将能见证过去四代人费尽心力才看到的进步和发展！"

——查尔斯·普罗蒂尔斯·斯坦梅

交流电动机的发明者

实验准备

"每个人的人生都是一场实验，实验做得越多，你就会越成熟。"

——拉尔夫·沃尔多·爱默生，美国散文家

你无须穿上白色的实验室大褂，无须用什么碳纳米管，更不需要那些丑陋的护目镜去做下面的实验。你所需的，只是开放的心灵，然后认真观察，记录好每天的发现，心甘情愿地将一切事物都罩进你鲜活的思维之光里去。

科学基本原理 ———

"没有什么能唬得住我，我可是科学家！"

——设计师J. 伯特兰设计在T恤衫上的文字

1. 到底什么是科学？韦氏词典将其定义为"通过研究和实践所获得的知识"，一般是从理论开始的。

2. 好吧，那么什么是理论？对我们大多数人而言，理论就是一些模模糊糊、含混不清的事实。而当我们谈及科学理论时，我们说的是一些概念性的框架，能够解释现存的事实，能够帮我们预测某些事情的发生。理论总是不容置疑的，但这并非基于该理论的拥护者的权威和威信，而是基于每个人都可以通过观察或实验再现的结果。比如说，任何一个人都可以证明万有引力定律，比如一个蹒跚学步的孩子从自己的双层床上跳下来，或者一位牧师从一只祭祀用的山羊身上跳过去。事实上，实验室里的大多数实验总是被重复过几十次甚至亿万次！

科学理论的另外一个特点就是可以验证真伪，也就是说，一个实验就可以证明这个理论是错的。"火星上住满了绿色的小人，一旦我们去追捕他们，他们就会四散溃逃。"这个理论就没法被验证，因为当有人开始寻找他们的时候，火星人就会逃走。而"火星人是不存在的"就是科学理论，因为你可以去证明，只要你能抓到一个火星人，给他一张请柬，邀请他参加《早安美国》电视节目。

3. 那么，什么又是假设？说得通俗易懂一点，假设就是猜测的同义词，但是对科学家来说，假设是关于世界如何运作的假定。每一项实验都起源于某个假设。科学家观察世界的运作，提出一个假设，然后开始实验，以证明这个假设是否真实。一般情况下，科学家会提出一个观点，而这个观点有可能被驳倒，也可能被证实，他们喜欢用"假如——那么——"这种句式："假如X事情发生，那么Y事情将会随之发生。"（比如：假如我做了这件事，那么，什么和什么将会发生。）或者"假如X增加了，那么Y也会增加。"我们一般用这个句式来构建科学研究方法。

4. 再请问一下，什么又是科学研究方法呢？ 它普遍被认为是剔除谎言和错觉谬见的最佳途径。最简单的表述如下：

提出一个问题；

搜集信息；

形成一个假设；

验证这个假设；

记录和研究数据；

得出结论。

科学研究方法的最大好处就是没有偏见，它对所有人一视同仁。不管你的头发是什么颜色，不管你的宗教信仰是什么，不管你的鞋子大小，最终得出的结论永远会巍然屹立。

两点基本原则 ————

"因为你异想天开，因为你勇敢，也因为你好奇，所以你才开始着手这件事。是的，你可能有点疯狂，但这其实是件好事！"

——克里斯·贝蒂，美国"全国小说写作月"创始人

本书接下来的每一章分别讲述一个重要的精神原则，同时也包括一个你必须亲力亲为的科学实验，以证明此精神原则的有效性。你可以按顺序依次完成这些实验（大多数人都是如此，因为他们做完第一个实验后就已经迫不及待了）；或者，你也可以挑着去尝试，这一周做这个，下一周换另外一个，由你自主决定。

在开始每个实验之前，一定要下决心和过去一刀两断。我一般用从《奇迹课程》中学到的这句箴言开始："打开你的心灵，清除掉所有可能会误导你的念头。"

然后，内心保持机警，努力去搜集证据。就像你苦苦寻找不见了的车钥匙一样。有一天，家里的奶粉用完了，自己幼小的孩子饿得哇哇直哭，你搜遍了所有常放钥匙的地方——钱包、裤兜、门厅的台子上，连沙发垫子底下都翻了个遍，你钻到床底下，甚至在小猫的粪堆里翻找。无论如何，你必须找到它们，把它们紧紧攥在你的手心里。

如果你去杂货店买清洁剂，你肯定不会空手而归，除非你径直去了生鲜区。如果你想到书店去找一本约翰·格里森姆的最新小说，也不会无功而返。你去任何商店的时候，都确切知道你要找的东西就在那里。

每一章的最后部分，都有一张实验报告单，它与真正的科学家写的实验报告单类似。记下每个实验的起始时间至关重要，然后，做好笔记，记录每一个发现。你记录得越详细，可供你做进一步研究的模板就越完美。只要把所有的观察和体验记录下来，你就会甘愿冒险去"犯错"，只为获得更多细节来佐证自己是正确的。

好了，你准备好成为一个疯狂的科学家了吗？

能量

9个能量场实验
激活不可思议人生

E-Squared

Nine Do-It-Yourself
Energy Experiments That
Prove Your Thoughts
Create Your Reality

"督爷"逗留原则

实验一

有一种看不见的能量，或者说一个拥有无限可能的能量场

"所有人都只是等待着来生，唯有萨满说：'就今晚如何？'"

——艾伯特·魏劳第博士

古巴作家、能量治疗师

实验前提 ————

　　这一实验将向你一劳永逸地证明：在宇宙中，有一股丰盈又慈爱的力量在跳跃。有些人将此命名为"神"，但你可以称它为"普拉纳能量""万有世界"或"克雷默宇宙"等你喜欢的名字。

　　现在的问题是：我们必须不加怀疑地信任这股力量。我们没法看到它或触摸它，但我们接受了很多以它的名义下达的命令。我一般会想象能量在一条街道上双向流动，但不知彼此要不要互摁喇叭。

　　在这个实验中，我们要让FP知道这样一点：亲爱的，要么现在，要么永不！我们总是过度相信捉迷藏游戏的快乐，这一次我们必须找到一些驳不倒的证据，就现在！你明白A.S.A.P.这四个首字母缩写的意思吧？就是越快越好！我们打算给FP完完整整的48小时，让它给我们提供一个启示，一个明确无误的启示，一个不能被轻易否决的启示。

　　因为我们知道，这股力量混沌无序、神秘莫测，我们并不指望能看见它，而是至少不以为怪。因为我们从未接受过训练去留意它的存在，实际上，这股鼓舞人心、生机勃勃、可以改变人生走向的力量，一直在我们周围聚集、萦绕，在我们毫无知觉的情况下穿过我们的身体。

那么我该怎么做？等待？

"如果你的药连玉米都长不出来，那它还有什么用？"

——孙熊，奇佩瓦族长者

苦等天堂之门打开的人们，随他们去吧！这些人如同现代社会的人，却拒绝使用各种电器。要接通电源，你唯一要做的只是找到一个插座，把你的电子设备或者电器插头插上！你马上会坐拥五花八门的"享受"——烤得脆生生的面包片，从转播塔传来的音乐信号、各种电影和新闻消息，而与此同时，你的同类却只能在荒无人烟的孤岛上茹毛饮血。

当想到能量场的时候，我们必须反复地训练自己把它想象成电能。我们无须担心：我的表现够不够好？是否允许我把烤面包机插上电源？或者，我做的祈祷够不够让我打开厨房的电灯开关？

我们打开收音机，收听公共无线电台时可没什么负罪感。FP其实就像电能一样，是没有任何偏见的，可供任何人随时随地调用，只要你清楚自己到底想做什么就行！

因此，要找到FP并没有那么难！

"能量" 证据

"神才不是很多人想让你以为的那种推手！"

——亚历克斯·弗兰科维奇，

芭芭拉·帕克的小说《皮包骨男孩》中的主人公

这个部分，我们主要谈的是"房间里的大象"[1]。是的，我要谈的就是神。

除非你是刚从一棵大白菜的叶子下面爬出来的，不然，你一定会经常听到人们在谈论一个叫"神"的家伙。每周七天中有一天是专门用来表达对他的崇拜的。各种形状和大小不一的建筑也是专为了纪念他而建造的。很多报纸紧挨政治版就有一个宗教版，然后才是当地新闻、天气预报以及填字游戏。

对神的敬畏在所有文化中处处可见。即使专职研究物质和能量特性的科学家也知道有一股不可见的力量，但是他们多数并不跟着人们称它为"神"。比如说，阿尔伯特·爱因斯坦就声称他从不相信传统意义上的"神"，却承认在冥冥宇宙之中，存在着一股强大的"能量"。他

---

[1] "房间里的大象"是英语谚语，意指所有触目惊心地存在却被明目张胆地忽略甚至否定的事实或者感受，就是那些"我们知道，但是我们清楚地知道自己不该知道"的事。

说，他所关心的，就只是那股生机勃勃的"能量"。至于其他的，都无关紧要。

我们多数人所熟知的"神"，其实是人类自己的发明，是为便利起见伪造出来的。我们不加任何怀疑地接受了这个人造的"神"，其实这毫无道理。如果神是慈爱的，如果神是完美的，如果神具备我们赋予他的种种慈悲情怀，为何还会有世人在受苦？还有，当一个神志清醒的人想去讨好这个反复无常的神时，为何总是得到严酷的惩罚？即使一个最笨的女人也知道，按理来说，她绝不应该跟一个可能会伤害她的人约会。

我的意思是，到底是谁需要这个神呢？

关于神的思索

"我不知道神是否存在，但为了他的声誉，他最好还是不存在为好！"

——儒勒·列那尔，法国作家

我刚一学会ABC时，大人就开始教导我说，作恶的罪人会从神的荣光里跌落人间。大人说得言之凿凿，就像2+2=4或者像字母表里有l、m、o、p不止一个字母般确凿。事实证明，世界上的所有人都是罪人，包括我的幼儿园老师贝克威思小姐。她是那么温柔和善，甚至允许我每隔一周的周一把小宠物乌龟波基带到教室里去。

作为一个罪人，最惨的就是你将来一定得下地狱，而且是有去无回。地狱到底是什么样子还真有点难说，因为我最远都没离开过堪萨斯州的州界。父亲恐吓我，地狱是一个你绝对不想去的地方，到了那里，你就永远回不来了。他还说，想要更好地理解什么叫永远，你可以回想一下去年12月26日，你是怎样期待今年圣诞节的到来的。

而唯一可以让你解脱的话语就是，你可以"被救赎"。

因此，听到教堂的管风琴奏出圣诗琴韵《照我本相》（*Just As I Am*）的时候，四岁的我走进堪萨斯州坎顿的卫理公会教堂，扑通一声跪下去，祈求神"原谅我的罪恶"。我的家人还有一大列卫理公会教徒齐声发出一声欣慰的哀叹。那天晚上，爸爸和妈妈打电话给所有的叔叔阿姨，告知他们这一好消息。

"太好了，我们家老大现在正式被救赎了！"他们扬扬自得地夸口道，"至少，我们可以确信潘将来会上天堂的！"

他们说，关于我的观念转变，最大的好处不是我能真的被救赎，而是我为弟弟妹妹们树立了榜样。当时我妹妹贝姬才两岁，我弟弟博比才三个月大。

神好像随时随地都会来——他才不管白天还是黑夜，他就像一个在夜晚行窃的小偷。早上你正用勺子搅着麦片粥的时候他会来，课间休息倒挂在双杠上的时候他会来，甚至在夜里两点你正酣睡的时候他也会来——这时你可就惨了，因为你可能睡得太沉，还来不及睁开惺忪的双眼，就被他一把给抓起来了。

与此同时，我还得学会接受我的罪人身份。大人总是一遍又一遍地告诉我说："神就是爱！"这一切其实毫无逻辑可言，但对于才四岁的我而言，威慑力已经足够了。

尽管我一直竭力成为一个完美的孩子（我的考试成绩一直都是A，努力克制自己不和弟弟妹妹们打架，远离烟酒，甚至不用大人说就自觉整理床铺），但是每当我做错了什么事情，我就会感觉自己被那个高坐在天堂里幸灾乐祸地搓着双手的"慈爱的神"批评了。该死，我做错事就跟家常便饭一样。

这是怎样一个欺骗无知小孩的说辞！

神可能只是一个神话

"很多时候，我们关于神的观念都是关于我们自己的，而不是关于神本身的。"

——托马斯·莫顿，神秘主义者

随便抓个人，问他是否相信神的存在，或许对方都会摇摇头。但是，很可能他从来都没问过自己所谓的神到底指的是什么。如果你再追问的话，或许他会用陈词滥调来搪塞你："不就是天上的那个人吗？"

当然，想要给神下定义还真是不可能。神从来都不是静态的，电和光也不是。神是超脱于物理世界之外的，是超越所有的形态和形式的，充盈在整个宇宙，渗透在万事万物当中，超越了时空的限制。但这一切并不能阻止我们人类去寻找一个定义。下面就是人类编造的关于神的各种谎言。

谎言一：神就是他。尽管现在有些紧跟时代脉搏的教会有时也会用"她"来指代神，但是FP不区分性别，我们一般不会说电能女士和重力先生。最合适的代词其实就是"它"。FP是一股维持宇宙的力量，就像让花儿生长、让晨昏交替的那股力量一样，它总力图让世间的一切能正常运转。

神更像《星球大战》中的那股力量，是个一直潜伏在我们当中的存在，一个我们赖以为生的定律。我们当中有些人知道"那股力量"一直如影随形，那股力量利用我们的语言、思想和行为创造了这个世界。

谎言二：神无暇顾及你的感受。如果你已经接受了这种设定，那么，神就像是《杀死一只知更鸟》中的布·拉德利：这个神秘的邻居总是藏在他的阁楼套房里窥探着所有人，只要我们谁干了"坏事"，他就会马上跳出来抓住我们。没有人真的见过他，但我们都被警告说他就在那里，窥伺着、评判着、监视着我们的一举一动。如果你未遵从他的命令或者你违背了某条法规，神就会派出这个为他服务的秘密天使来抓你，就像对一只小兔子般给你迎头一棒。

谎言三：神总有他的特选子民。FP是可供所有人自由使用的，那是我们每个人都具备的自然本能，而不是只有少数人才会得到恩赐的特殊天分。实际上，这才是神给人类上的第一节课。神就在我们体内，我们都是神的一部分，我们可以创造奇迹！

要崇敬神，就应该像我们崇敬本杰明·富兰克林一样，因为他发现了电能的存在。在一场电神雷鸣的暴风雨中，本杰明·富兰克林把一个风筝放飞到空中，让我们看到了电的神力，然后大家就开始使用他教给我们的方法。本杰明这么做的目的不是想让我们为他建造庙宇，为他画像，或者把他挂在脖子上纪念他。他只想让我们认识到电能的原理，然后充分利用它——而我们的确也学会了利用电能去操控收音机、电脑以及空调。如果我们像崇拜神的发现那样，在本杰明的发现前举步不前，我们至今仍将生活在黑暗之中。

本杰明·富兰克林并非像神发明了教规一样发明了电能。闪电和随之而来的电能其实早就存在，只是我们没意识到而已，自然也不知如何去利用它。伽利略从比萨斜塔上扔下那个木球时也并没有发明重力，他只是演示了重力的存在而已。

神给我们演示了他想要我们使用和发扬光大的精神原则，我们却足足浪费了2000年，只知片面地把他当偶像去崇拜，却没有利用他教给我们的法则。翻遍所有的经书典籍，我们找不到书上有一个地方写着"崇拜我吧"！他发出的召唤只是："跟我学！"而这两者的差别真是天上地下。

人们只是把神塑造成一个英雄，却错过了最关键的地方。神从未说过："我很厉害；为我树立塑像吧；把我的生日变成一场消费盛宴吧！"他真正说的是："快看，看看所有这些可能性，看看我们人类还有能力实现什么！"

神只不过是我们的兄弟，我们的先驱，我们应该努力去效仿的一个楷模而已。

神竭力想要告诉我们的是：FP不是让我们去崇拜的某个东西，而是一种真真切切的存在，是我们维持生存的关键要素！

谎言四：对于我们的付出，神会嘉奖我们；对于我们的牺牲，神会给我们以补偿。很多人认为我们的一生其实只是个通向天堂的劳教营。我们以为这短短的一生只是个测试，可以让我们最终赢得进入天堂的门票。如果我们坚持忍受一切苦难，那么终有一天，我们会进入天堂，从此过上幸福快乐的生活。这些念头已经深深地烙印在我们的生活中：人生一世，注定要受苦受难，然后再去面对那最后的审判。

而如果这一切并不必要呢？如果我们无须去过穷苦日子或去忍受疾病的折磨呢？如果我们想过一种多姿多彩的生活会怎样呢？如果所谓的"要过穷困潦倒、艰难困苦生活的说法"只是谣言呢？如果那只是他人年复一年反复训练将其灌注进我们的意识的呢？我要告诉你的是：你苦苦期盼的天堂其实触手可及，你已经被授予一张物品清单，让你清楚地知道你是谁，一切皆有可能！

谎言五：神总是给我们发出指令。实际上，FP从不进行评判，更不会去惩罚。它也不会这么想："好吧，萨米昨天表现很好，搀扶那位瘦弱的老太太过了马路，因此我该响应他的祈祷，让他的彩票中大奖。"事实上，FP什么都不需要。它无须我们给它任何东西，也不会给我们任何指令。它不会特别青睐特蕾莎修女而不喜欢席琳·迪翁。只是我们这些被误导的人急不可耐地想了解我们所寄居的这个世界是如何运作的，所以想象出一个神来，让他在我们的生活中玩些"照神旨意"的游戏，让他喜欢我们喜欢的人，讨厌我们讨厌的人。恐惧将我们困在一个盒子里，然后逐渐消耗掉我们本来就有限的感知能力。

谎言六：你不想问神太多问题，因为你绝不想惹恼他！正如我早已经指出的：FP不是一个人，因此无论你做什么，你都不会惹怒它！FP只是一种力量，是一股看不见的能量源，它无边无际，不受限制，因此你当然可以想要多少就要多少，就像古老的谚语说的：无论你拿一个眼药水瓶还是一只大桶去海里打水，大海从不在意。因此，我们应该充分利用FP的力量。我们现在所谈的是一股没有穷尽的力量，不是那种临时抱佛脚的信仰小组，只会在最后一分钟才想起祈祷的作用。FP不是你的对手，你无须将其哄骗到谈判桌上讨价还价。

谎言七：神难以显形。恰恰相反！那些由谣言和半真半假的"事实"组成的乌云遮蔽了你的意识，一旦你摆脱它们，你就会发现那股看不见的力量和你的沟通无比顺畅。一旦你让自己摆脱那些条条框框的限制，你就会清楚地知道自己该做什么、该如何做。

再说一次，我们应该训练自己把神看成电能一般。电能根本不在乎谁去插上吹风机的插头，电能也无须我们乖乖表现才允许我们去烤面包。

谎言八：神只有在他乐意和心情好时，才会回应我们的祈祷。要知道，每时每刻，神——或者我们说的FP都在引导着你。你无须等待绿灯亮起，或者等到你接收到某种启示才行动。只要你全神贯注于它，这个大家伙会一周7天、每天24小时地待命。FP随时随地都在指引着你——它可能会通过广播里播放的一首歌的歌词，也可能通过一个你多年未曾联系的朋友来电来指引你。关键是要全神贯注，完全信任，如我一再强调的：用你全身心的注意力去捕捉。

现在，我们对于神的想象已然更新，绝不会有什么施虐狂非得把你放进那个所谓的地狱，让你去承受无尽的折磨。至于患病、失业、死亡或者其他种种局限性的东西也都不是神的意愿！对那些坚持相信神的意愿的人而言，他的意愿就是驱动你进行无休止的精神追求，让你发挥最大的潜能成为你自己！

实验方法

"允许自己变得有点小疯狂和荒谬，的确为我打开了通向神秘体验的大门！"

——D. 帕特里克·米勒，"无畏书库"网站创建者

在这个实验中，你需要投入48小时去寻找这个众所周知、十全十美的FP存在的证据。幸运的是，FP存在于你所能想到的所有地方。

为了提高赌注，你可以向FP索要一个祝福，我会将其称为"意料之外的礼物"。你可以给它48个小时，让它为你送来一份你平常不会收到的礼物——比如说一封令人惊喜的邮件、一个老友寄来的卡片、某件

你根本没有料想到的礼物。你无须特别点名所要的祝福（这种具体的祝福，会在后面的第四个实验里谈及），但你需要发出请求，然后给出一个确切的最后期限。就如我一直强调的，之所以给出最后期限的要求，是因为这样你就能在辨认礼物的过程中很容易获得提示。

我的朋友温迪在做这个实验的时候，得到了不止一个祝福，而是两个：她每小时的薪酬涨了五美元（她的老板出其不意地给她打了电话告诉她）；她那生活在另一个州的弟弟，除非家里有人去世才会相互联系，却突然打电话说愿意帮她搬家。要知道，她之前搬过六次家，他从没给她帮过一点忙。

罗宾，我的另一个朋友，在她实施这个实验的48个小时内，在自己的车上发现了一个小巧玲珑的全手工真皮钱包，是她的朋友给她留在车上的，而那个朋友根本不知道她正在做这个实验。

"我爱死这个钱包了，到现在我都随身带着它！"罗宾说。

因为每个人的意识不太相同，结果也就千差万别。有些人获得的东西很简单。如我的朋友朱莉，她有一个才两岁的儿子，我们从没见她有空坐在公园的长凳上。可在她实验期间，我们发现她和她儿子两人坐在那里对着对方微笑，感觉像两个走失了的灵魂伴侣再次重逢般欢天喜地。另外一个实验者——埃里克则得到了一个免费去塔霍湖滑雪的旅行机会。

当你在向能量场寻求祝福的时候，请随时做好笔记。比如说你有没有感觉有点烦躁，怀疑自己是否过于自私，怀疑你是否有资格获得这种恩赐。你的内心会听到这些疑虑。你认为自己不配得到一个礼物的想法，会给你的能量场发送信号，影响它的共振。或许，你认为只有恳求才能获得渴盼的东西。要知道，这种念头也会被传导到你的能量场里去。

为了切实可行地做好这个实验，你必须放下内在的各种怀疑。不是说永远，只是在这短短的48小时之内。你要做的只是用两天时间去期许看到某种证据，期许能看到想象中的一切在你生活里现身。请用你的全身心去期许，用你一丝一毫的灵魂去期许。就像科学家为各种假设做出的行动，这一次你也可以亲证其真伪！万一你在48小时内没有收到FP给予的任何回应，就可以随便将这一念头注销。

1. 选择一个时间点开始实验，我一般直接选择"当下"。

2. 写下时间和日期。

3. 请求FP让它呈现；请求它赐予你一个祝福。如果你愿意，在下一页的实验报告单上重复写下你的"打算"和"方法"，或者，你也可以自己设计一个。

现在开始，用心观察吧。

实验报告单

名称： "督爷"逗留原则

理论： 有一种看不见的能量，或者说一个拥有无限可能的能量场。你想要什么取决于你内心的选择。

问题： FP真的存在吗？

假设： 如果每个人都拥有一个一周7天、每天24小时都随时待命的能量场，那么，我只要集中注意力，就可以随时调用它。另外，如果我要求这个能量场给我祝福，则要给出一个时间框架和明确的指示。它将送给我一份大礼，而我会不胜感激！

所需时间： 48小时

今天的日期： _____年___月___日　　**时间：** _____

收到礼物的最后期限： _____年___月___日

方法： 能量场，你好，我讨厌向你提出这个要求，但人们现在都在谈论你。他们开始怀疑"这家伙是不是真的"，那感觉就像从你脸颊上撕下一大块肉，然后叫停这个你正在玩的看似疯狂的"捉迷藏"游戏。只给你48小时让你现身，我想为你竖起大拇指，请给我一个清晰的指示，一个不能被当作巧合而抹杀掉的明示。

研究笔记： _____

　　　　　　 _____

　　　　　　 _____

"我们现在拥有了一套完备的精神性科学，而且是可以被验证和观察到的。"

——阿米特·戈斯瓦米博士，退休理论物理学家

能量

9个能量场实验
激活不可思议人生

E-Squared

Nine Do-It-Yourself
Energy Experiments That
Prove Your Thoughts
Create Your Reality

大众捷达原则

实验二

你影响了周遭的能量场，而你的信仰和期待决定了你能从这个能量场获得什么

"奇迹就像是粉刺，一旦你开始留意，就会发现做梦也想不到会有这么多。"

——雷蒙·斯尼奇

电影《雷蒙·斯尼奇的不幸历险》中的人物

实验前提 ————

　　我们生活中所出现的一切，皆是我们内在思想和情感的反射。我的朋友琳达曾经讲过一个她在机场遭遇的故事。当时，一位年轻女士狼狈不堪地拖着三个沉甸甸的行李箱，比那些笨重的行李更糟糕的是她那种消极、暴躁的态度。她怒气冲天地大声抱怨没人帮她。

　　"为什么？"她咆哮着，"为什么大巴还不来？那可恶的大巴到底在哪儿？真是气死人了！"

　　琳达说她当时几乎要同情这个女孩了，可问题是，她喋喋不休地抱怨的那辆大巴就在离她几步之遥的地方，车门大开着。那辆大巴车兜了几圈，每次都会停下来让乘客上车，那个盛怒的女子却视而不见。因为她全神贯注地拉扯着那些行李，又被愤怒冲昏了头，最终那辆大巴扬长而去，驶离了她的能量场。

　　因此，我把这一原则以一个常见的汽车品牌命名，因为一旦一个新的款式、型号或者品牌进入你的意识范围，你就会发现它无处不在。

　　而当我们把全部的精力都投注在不受欢迎的事情上时，其结果也是如此。

　　贫穷、不幸以及危险绝对不会像大众般常见，但一旦你把它们带进你的意识范围，它们就接管了一切！

　　物理学理论里，有一个存在着各种可能性的零度场（我把它命名为"能量场"或者FP）。比如说，在那里，你有可能成为一个芭蕾舞演员，也有可能成为美国国会参议员——当然，还有可能成为一个流浪汉。

当我们来到这个"能量场"的时候，会出现无限的可能性。因为我不是一个物理学家，几乎连戴维·玻姆的名字都读不准，更别提他那套关于现实世界分层的理论了。所以，我宁愿把这个"能量场"想象成一个巨大的沃尔玛超市，里面塞满了成千上万种"商品"，即我们所说的"可能性"。也许我需要澄清一下，我并非沃尔玛的粉丝，我至今都不能原谅的是：因为沃尔玛的入驻，我最钟爱的街角小药店和布料店都被迫关门了！但是，作为一个身负贷款的单亲妈妈，我经常不得不去沃尔玛购物。每次我在里边逛的时候，都只知道布料在哪里，拼图在哪里，童鞋在哪里——清楚所有我需要购买的东西的具体位置，但对于摆在各个货架上的其他成千上万的商品，我视而不见。

为何会这样呢？因为它们并非我所需的东西！

而那并不意味着它们并不存在！并不意味着它们不像我要找的拼图和鞋子，不是一个个"真实的"存在！只是，我没有意识到它们的存在。再说一个例子，有一天我女儿从学校回来，我发现她头上长了虱子。我先是被吓了一跳，然后恨不得把自己从最近的桥头扔下去了事！所幸，我意识到自己应当做一个合格的母亲，得去寻找能灭虱子的洗发液。最终，我在自己走过几十次甚至上百次的沃尔玛的过道里，发现了满满一柜子的灭虱洗发液！为什么之前我从没注意到它们的存在呢？

因为那不是我要找的东西！

束缚着我们的锁链

"你最疯狂的偏见、你最稀奇古怪的想象、你最恐惧的噩梦，这一切的一切都毫无意义。"

——《奇迹课程》

几年前，有家彩票公司为100个获奖者提供一次想去哪儿就去哪儿的免费旅行。也就是说，这些幸运儿可以飞到巴黎登埃菲尔铁塔，也可以坐喷气式飞机到澳大利亚爬艾尔斯岩，或者在加勒比海的海滩上享受日光浴……可是你猜怎么着？95%的人竟然只选择了离家四个小时车程以内的目的地去旅行！

可见，外面的世界辽阔而精彩，可是我们多数人安住于自己的"舒适区"——即四个小时车程的范围。我们生怕挪窝，哪怕有充分证据表明我们错过了无数精彩的享受。我们就这样浑浑噩噩地在我们那消极的舒适区里度过了几乎全部的清醒时间。这种消极而低迷的心理力量无比强大，总是将我们从一种消沉情绪驱赶到另外一种绝望之中：惨了，我又睡过头了；跟他又是一场冷战；经济如此萧条；汽油好贵；我老板（我的孩子，我的某某）真要把我逼疯了！

其实，从我们呱呱坠地起，就被这种种负面情绪和恐惧所包围："吉米，外面的世界很可怕。千万不要和陌生人说话。千万不要在杂货店里傻兮兮地唱歌，会让人家听到。"

我们学会了克制，也学会了相信短缺，并认为我们想要去爱、去闯、去创造的天性都是疯狂又虚幻的。父母认为让我们学会谨言慎行是他们的神圣职责，他们要我们像大人般学会担负起责任。如果有人足够幸运，拥有懂得放手的父母，社会规范马上就会着手对我们进行规训，教导我们人生的目的就是去争取各种各样的物质享受，而要获得这些"好东西"，我们得把自己拴在设定好的"磨盘"上周而复始地运转。到开始上小学时，我们已经深谙竞争的重要性——这就是生活在匮乏和恐惧之中学会的道理！

事实上，所有这一切都只是一个谎言，是束缚在我们心头的枷锁。真相是我们在《奇迹课程》中所学到的："一旦你形成了某种思维模式，你终生都会受制于它，并竭力去传播它！"是的，一旦你认定了某种信仰，终其一生，你都会依附于这种信仰。

物理学家把这种现象命名为"波塌缩"。在整个宇宙中，有无数量子粒子四处飘荡，像海浪般前赴后继。一旦你盯着某个能量波，它们就会像被放进冰箱里的凝胶，马上凝固。你的注视会让其显形、凝固，变成一种真实的存在。

还记得迪士尼动画片里的白雪公主吗？当她躺在森林里无助地哭泣时，她感觉到周围有无数只眼睛盯着她。而事实也的确如此，几十只森林生物在那里跳跃飞舞。但是她一抬起头来，那些可爱的小鸟、小松鼠，还有小鹿，都藏到了树后，目之所及，她只看到那寂静的森林。

在现实中，我们的宇宙也是一个生机勃勃、充满无限可能、活力四射的能量场，但因为我们的眼睛都习惯锁定在各种困难上，现实也就困难重重了。

你看到的都是你愿意相信的

"除非你意识到自己在作茧自缚，否则，你永远也无法摆脱束缚！"
——阿顿，葛瑞·雷纳《告别娑婆》中的人物

1970年，两名剑桥大学的科学家毛科林（Colin Blakemore）和 G. F. 库珀，做了个神奇的小猫实验。此实验肯定是在动物权利运动兴起之前做的，因为需要把一些小猫关在黑暗之中，每天只有一次，也就一两个小时，科学家会放几束垂直的黑白条纹状的光线进去，此外再无任何光亮。我不知道小猫们的意识是否有所提高，或者只像某个先知在它们的脖子上吹了口气，几个月后，科学家把这些小猫从黑暗中释放出来，发现小猫那些捕捉非垂直光线的皮质细胞（一种眼球中的细胞，一般不懂科学的人是不知道的）已经完全进入了休眠状态。这些小猫再也无法看见平行的线条，总是会撞上拦在它们面前的绳子。

1961年，研究俾格米人的人类学家科林·特恩布尔将他的一名研究对象带出了他一直生活的森林。因为这个俾格米人从未到过开阔无垠的平原，所以就像小猫们的皮质细胞一样，他的视觉深度消失了。特恩布尔指着远方的一群水牛让他看，但是视觉深度已经退化的俾格米人拒绝相信。"那只是些蚂蚁！"他坚持说。

他的感知已完全被其以往所习惯看到的东西所改造。而作为会思考的人类，我们总试图去理解身处的世界。这听起来不错，是吧？只不过，当有任何信息和我们的信仰不相吻合时，我们总是不自觉地对其进行调整。

我们总是揉捏和挤压一切事物，将其套进我们有限的意识系统内。

我们总以为所感知的一切都是真实的，但事实上，它们只是所有可能性的0.000000005。

在我们大概一块橡皮糖大小的大脑脑干里，有无数的细胞，它们的主要任务就是对进入我们大脑的数据进行分类和评估。科学家将这个控制中心称为网状激活系统（RAS），其主要的工作是选择它认为最紧要的事输送到大脑里的活跃部分，然后将那些它认为无关痛痒的信息置之脑后，但是在它进行调配的过程中，也一直在忙着进行翻译、分析，然后排除掉一切与我们理念相悖的信息。

也就是说，对于我们想看到的世界的样貌，我们已经提前进行了彩排，只可惜，我们选择的脚本都是错的。

这个简单的实验只需48小时，却能证明我们在生活中看到的一切，其实都是我们想要看到的。也能证明，你可以得到任何你想要的东西。而至关重要的一点是，它还能证明，如果你改变了要寻找的目标，最终也能改变你世界里所出现的一切。

"能量"证据 ——————

> "托托，我想我们已经离开堪萨斯州了吧！"
>
> ——在堪萨斯州劳伦斯市看到的汽车保险杠贴纸

　　你可能从没听说过彼得和艾琳·卡迪，但这无关紧要。还记得苏格兰的那个花园吗？那里生长的大白菜大到能撞倒一辆邮局快递车。好了，彼得和艾琳就是能种出40磅重的大白菜的人（要知道，普通白菜的平均重量是4磅5盎司）。他们创造这个奇迹的方法，只是把他们的想法"搭建"在一个更高的信念之上而已。

　　实际上他们并没有什么特殊魔法。当卡迪一家人，包括他的三个儿子，以及有精神世界追求的多萝西·麦克莱恩，开着房车迁到北海之滨的这个多风的半岛上时，那儿可以说是不毛之地。凡是有点脑子的人都不会在那儿种植任何东西，更别提开垦花园了。这里的土壤——如果你硬要说它是土壤的话，主要是些沙石。大风能将地表之上的所有土壤卷走，而他们那实在不能称之为家的家，坐落在一个垃圾场和一个破旧的车库之间。然而他们始终怀抱更高的信念，从而成功创造出一座奇迹般的花园。尽管大众所熟知的只是40磅重的大白菜，但是卡迪一家实际上还种植了其他65种蔬菜、21种水果、42种香草，之后又开始种植鲜花。

我知道你心里在想什么：肯定是他们肥料用得好，农艺技术精湛。但事实是：当地土质实在贫瘠，就连县里的农艺站都说施肥没多大作用。而且，在卡迪一家人热情高涨地开始实验的时候，他们从未做过任何农活，也根本没钱去购买园艺用具，说得委婉一点就是——他们已经揭不开锅了。彼得曾经成功地经营过一家四星级酒店，但现在已经失业，他们六个人主要依赖每周区区20美元的失业救济金过活。

他们开始种菜只有一个原因：蔬菜对三个正在成长发育的孩子有好处。他们只是用纯然相信的力量，从未刻意矫正自己的意识，随之发生了各种各样匪夷所思的事：从过路的卡车上掉落下来的秸秆肥料包刚好可以及时地用来保护幼苗的根；装着混合水泥材料的麻袋神秘地出现在邻居家的垃圾桶里，刚好够建一个台子；当邻居家的庄稼遭受病虫害折磨的时候，他们家的作物却完好无损。最终，人们开始蜂拥到卡迪家的花园来参观，每年都有14,000多人想来探个究竟。

彼得说："你可以用你的思想去创造任何奇迹。用纯粹的意识去矫正你自己，然后，你会让你的想象变成实物。你思索，然后创造！"

除却你自己的意识，世界上没有任何东西能让你割舍这种能量。

实验方法 ━━━━━

> "我们所看到的一切，都只是我们的猜测，是我们大脑做出的一个预测而已。"
>
> ——库尔特·安德森，《真正的信仰者》的作者

在接下来的48小时内（就这么久，你只需要付出两天不痛不痒的时间而已），你要开始积极寻找某种东西。就像你六年级开始学习解剖蚯蚓一样，可以从比较简单的东西开始，比如寻找绿色汽车；或者，如果你坚持的话，也可以选择其他颜色的汽车，比如说，米黄色汽车。在实验开始的前24个小时内，你需要有意识地引导自己："现在我希望：在即将到来的这一天，我想要看到一些米黄色的汽车。"我再说一次，你无须再做其他任何事情，你只需在脑海里做出这个决定而已。然后，留心观察，在米黄色的汽车的数量多寡这件事情上，你的意识有没有创造出一些非同寻常的结果。

第二天，也就是说在第二个24小时内，你要尝试寻找一些黄色的蝴蝶或者紫色的羽毛，但一定要做好决定。我的朋友珍妮特一月时在密歇根半岛做了这个实验，她在一家文具店里发现了一些黄色的蝴蝶；同时，在她女儿的一个朋友的生日宴会上，在一个纸杯上也发现了黄色的蝴蝶。

另一个朋友，安杰拉，在飞机上阅读了《秘密》（*The Secret*），这

本风靡全球的畅销书探讨了宇宙万物间的吸引力法则，书里建议读者试着寻找一杯免费的咖啡。安杰拉读到这里时，忍不住笑了，因为只隔着两个座位，空姐正冲着她提出那个最常问的问题："咖啡、茶，还是苏打水？"

"这个不能算数。"她说，然后依照书里的建议提出了要求，开始翻到下一页。

可就在她在机场滞留期间，一个坐在她旁边候机的陌生人靠过来说道："我的航班开始登机了，饮料也带不上去，这我一口都没碰，请问你需要吗？"

猜猜那是什么——一杯刚刚煮好的星巴克拿铁咖啡！

实验报告单

名称： 大众捷达原则

理论： 你影响了周遭的能量场，而你的信仰和期待决定了你能从这个能量场获得
什么。

问题： 我真的只能看见自己想看的东西吗？

假设： 如果我决定寻找米黄色的汽车或者蝴蝶，就肯定能找到。

所需时间： 48小时

今天的日期： _____年___月___日　　**时间：** _____

方法： 根据潘·格鲁特的说法，外面的世界就是我们意识的投射。她说我们的错觉才
是阻扰自己感受幸福、爱与平和的唯一障碍。尽管我怀疑她太过乐观，但我今
天还是要寻找米黄色的汽车，明天则要去寻找蝴蝶。

我所发现的米黄色汽车的数量：_____

我发现的蝴蝶的数量：_____

研究笔记： _____

_____

_____

"奇迹与自然规律并不冲突，只是和我们对世界的感知相悖。"

——圣·奥古斯丁，古罗马哲学家及神学家

能量

9个能量场实验
激活不可思议人生

E-Squared

Nine Do-It-Yourself
Energy Experiments That
Prove Your Thoughts
Create Your Reality

阿尔伯特·爱因斯坦原则

实验三

你，也是一个能量场

"亲爱的，所有的一切都在你的手指掌控下。这就是你需要理解的全部———切都在你的控制之中。"

——雷·查尔斯

美国歌唱家、钢琴家

实验前提 ____

　　我可没打算在这一章中大谈特谈量子物理学来烦你。我自己是读过十几本，相信我，并非很享受。但是，在我们继续之前，有一些谣言需要澄清一下。

　　首先，你所认为的自己其实并不是真的。

　　你以为你的生命有限——寿命不过七八十岁——然后，皱纹爬上你的脸颊，风湿让你疼痛不堪，最终一场大病将你击倒，入土为安。然而事实并非如此，以上种种，并不比你昨晚做的梦更真实。

　　你的身体只是一个皮囊，只是你之为你的小而又小的一部分而已。而99%的你，实际上是不可见、不可触摸的存在。比如我以为是潘·格鲁特的这个躯壳，这个瘦骨嶙峋、身高5英尺10英寸、老有皮肤问题的女人，只是我之为我的一个细微的组成部分而已，并不比我两个月大的时候，戴着顶丑丑的粉色帽子的照片里的那个小人儿更真实。

　　如果你已经意识到你自己、你的身体，以及你周围的一切都只是些物质，而不是其他任何别的东西时，你无须难受。想要站在革命前沿并非如此简单。这些科学家已经开始认真研究的新理念，将会挑战人们已理所当然地接受了的世界图景，也会挑战对自身的认知。

完完全全的真相，除却真相，还是真相

"你对世界以及世间各种规律的认识，99.99%都是错误的。"

——弗雷德·艾伦·沃尔夫博士，美国量子物理学家

爱因斯坦提出了质能方程$E=mc^2$，意思是能量和质量是同一事物的两种形式，能量是一种被释放了的物质，而物质是即将释放的能量。

在世界上的每个生物体内，都有大量的能量——超乎想象的巨大能量。你可以做个假设，假设你是一个身高和体重都处于中等水平的人类，体内蕴含着7×10^{18}焦耳的潜能。现在让你理解这一点，可能要求有点高，但是让我们假设你想证明自己的观点。如果你够聪明，知道如何释放这股能量，你就可以释放出相当于30枚大型氢弹的力量来炸毁自己。

换句话说，物质世界别无他物，只是些密集的能量排列。科学家将这些亚–亚原子微粒装进一个粒子加速器，让它们彼此碰撞，最终发现：从源头来说，根本不存在什么粒子，只有一些纯粹的不受束缚的能量，它们快速振动，以至于没法去测量和观察。所以，不管你的肉眼看到的是什么，你其实只是些能量而已。

换句话说就是：在这个世界上，没有什么东西是一成不变的！你不是，这本书不是，你坐着的那把椅子也不是。把这整个固体世界分解成最微小的粒子，你就会发现有无数的粒子在一个空荡荡的空间里跳跃。它们之所以看起来是固体状，只是因为这些能量振动得相对较慢，比光

速要慢得多。

能量的组成——振动的粒子，也意味着你、这本书，以及你坐的那把椅子也都在振动中。

能量是一种相当模糊的东西，你看不见它，抓不住它，也无法邀请它与你共进晚餐，但你可以（每天都可以）对在你的体内流动的能量施加影响。能量是组成这个宇宙的基石，你要做的只是搬动它们为你所用。

我从能量先驱者唐娜·伊登那里学着做了下面这个实验，你不妨也试试看。

1. 将两个手掌掌心相对靠近，就像你马上要鼓掌一样，但是在间隔三英寸的时候停下来，不要再靠近；

2. 现在扭动手腕，让你的两只手臂形成一个X形，这样的话，两个手腕刚好在X的交叉处，但仍旧保持三英寸的距离；

3. 注意你的两个手腕之间的空间。因为你的手腕就是能量中心，能量之间有一种相互吸引的力量，你很可能会感觉到这两个手腕之间有某种张力；

4. 试着让两个手腕靠近1英寸，然后再拉开几英寸，就这样靠近、拉开，来来回回。

怎么样？你就是能量。你时时刻刻都在用你的意识改造着能量的形式。你的每一个想法、每一个打算、每一个动作，都在改造、形塑着这股能量。你的感受、你的思考、你的信仰和价值观，以及你如何生活，方方面面都在影响着从你体内流过的能量。简而言之，一切的"思索与行动"都在影响着你的振动模式。

而你的振动模式，决定了你是如何与所置身的永不停歇的能量场进行沟通和平衡的。在这个大能量场中，凡是和你自身的振动频率一致的事物，你都可以把它们牵引进你的世界。

假如你感觉很兴奋、很开心、很感激，这些感受会释放出高频率的振动，能吸引更多同类的人或事物，将它们牵引进你的能量场。

而如果你总是提心吊胆、缺乏信心，以为屋子的每个角落都隐藏着一个恐怖分子的话，你所释放出的低频率振动，就会把一些厄运牵引到你的生活中去。

我们总是吸引那些和我们振动频率相同的事物，我们是这些振动的肇始者，也就是吸铁石，或者说是起因。

这和音叉的工作原理相同。在一间屋子里挂满要校准不同音高的音叉，你敲击一个音叉，只有和它振动频率相同的那些音叉才会回应。就像力的作用是相互的一样，这是物理学上颠扑不破的真理。

根本就没有一个"你"，也不存在"他们"

"如果一个人没有被物理学的神奇惊呆的话，他就没有真正地理解物理学的魅力。"

——尼尔斯·玻尔，丹麦物理学家

如果你对我提出的这些古怪要求还不够满意的话，我再来补充一个小细节。我们知道，在物理世界里，万事万物都是相互关联的。因此你也与那个秘而不宣的宇宙能量场紧密相联。就像阿尔伯特·爱因斯坦所说的："能量场是唯一的现实！"

事物各相分离，只是因它们各自以不同的波长振动，就像C调和降B调的振动波长各不相同一样。每一种振动都会在电磁场中形成一条磁场线，从而引导能量的去向和作为。

这个振动的能量场，是一个人的意识和人自身的动力源。那么，这个能量场到底在哪里？它无处不在。宇宙间的万事万物都被锁定在能量场中——所有生命形式，无论是非洲草原上的斑马，还是你家花园里的玉簪花，或者正在消融的冰川。而你的智力、创造力和想象力随时随地都在和宏大而又繁复的能量场进行互动。

我们看似各自独立，拥有不同的意识。而实际上，我们只是由不同意识促成的一个巨大的、脉动的、振动着的能量场。

"能量"证据 ————

"令你困扰的，不是你对某事并不了解，而是你以为自己知道而实际上却一无所知。"

——马克·吐温，美国作家

埃德温·盖恩斯是我喜欢的一位团结教会牧师。她很幽默，人也聪明，而且她深谙精神原则的运作规律。她周游美国各地，到处召开研讨会，教导人们如何过上一种平和、充实的生活。

就跟我们大家一样，埃德温·盖恩斯也是经过无数次实验，才掌握了精神原则的运作规律。而她的"第一次伟大演示"说来真是有点滑稽。根据团结教会会员的看法，演示是从空无一物中取得你想要或者需要的某种东西——无论多寡。

当埃德温·盖恩斯第一次演示开始的时候，她还不是很熟悉这些精神原则。在某种程度上，你甚至可以说她当时已经破产，如她所坦诚的："我连两个可以互相摩擦的硬币都没了！"

然而她的精神导师告诉她一个难以置信的说法：只要她学会如何引导她的能量场，就能获得自己渴望的东西。不过首先，她必须知道自己想要什么、什么时候想要。

这倒简单。15分钟不到，埃德温·盖恩斯就在一张黄色的律师便笺上列出了所有她渴望得到的人和物——一双绿色的新鞋子、一个新男朋友、一辆新汽车等。

她还决定要去墨西哥城游玩一周。之前她从未去过那里，但她觉得可以在那里好好练习一下自己的西班牙语。另外，她一直都想看看那里的太阳金字塔、月亮金字塔以及迭戈·里维拉的画。

埃德温根本没钱实现这次旅行，因此，就像她自己说的，写下这一条，多多少少有点"开玩笑"的意味，但是她决定了，管它呢！她甚至去城里找了一家旅行社，翻阅了各种旅行手册，提前三个月预订了行程。

"我觉得最糟糕的情况不过是，到时我会因为无钱支付而在旅行社丢个脸而已！"埃德温解释说。

"那只是因为你还没有学会像富人般思考。"她的导师说，"你没有像有钱人那般振动！"

"好吧，我早应该告诉你的，"埃德温回答说，"你有没有注意我最近的账单？我现在连电费都付不起了！"

"正因为如此，你才需要走出家门，去做点什么，让你自己感觉像个有钱人。"她的导师继续坚持。

埃德温横下心来，对她来说，现在最大的挑战就是去杂货店购物。

"和那些只能买得起生活必需品的人一样，我只能买最小量的豆子、玉米面包、面粉等最基本的东西。"她说，"我不敢浪费钱去买任何奢侈的东西，我手头非常拮据。"

听了导师的话之后，她再去杂货店的时候，就直奔新鲜食品柜台，打算购买一只鹅。

接着她瞥见一瓶混合着杏仁的橄榄果。她只看了一眼，就知道那是富人们常吃的，因此她也果断地买下，带着她买好的所有东西回家，然后给她的好朋友拉娜打了个电话。

"拉娜，我现在要去你家。我们一起坐在你家的游泳池边，取出你新买的水晶玻璃杯，喝掉你刚买的那瓶酒，嚼着我刚买的橄榄，假装我们就在墨西哥城度假。"

"你到底在说什么？"拉娜问道。但拉娜最终还是同意配合她，她俩一起坐在泳池边，喝着酒，嚼着橄榄，有说有笑地假装正在墨西哥城度假。

"你说，亲爱的，明天我们要去看哪一座金字塔呢？"埃德温问道，"或许，你更想去海滩漫步？"

而拉娜回答说："两个地方我们都去吧，完了还可以去集市逛逛，听听墨西哥流浪乐队的演奏。"

她们俩聊得如此开心，以至于拉娜也决定要去墨西哥城旅游了。第二天，她就去同一家旅社预订了行程。

一周还未完，拉娜的母亲给她打来电话："嗨，猜猜看有什么好消息？我来帮你支付去墨西哥的机票钱吧！"

"我则是那个还得继续祈祷的人。"埃德温现在常开玩笑道。

几周之后，旅行社打来电话，通知她当天就得去支付机票钱，不然她的预订就会作废。

"好吧，我一会儿就到。"埃德温回答说，尽管她感觉自己就像那个童谣中的赫伯老大娘，抽屉里空空如也。她开上车，决定她现在必须和上帝进行一次严肃的谈判。

"上帝，"她说，"现在，我已经做了自己认为该做的每一件事，我列出了想要的东西的清单，也做了祈祷，还假装像个有钱人。我能做的都做了，现在就看你的了。还有，老伙计，既然旅行社已经打了电话过来，我还是决定先去看看，希望那笔钱就在那里。"

在去旅行社的路上，她灵机一动，决定顺路去老妈家一趟试试运气。

"现在我知道自己当时心里是怎么打算的。我想，如果告诉她拉娜的老妈已经给自己女儿买了票，说不定她也愿意给我掏钱呢。"埃德温承认道。

到了妈妈家，她表现得像个乖乖女，告诉妈妈她和拉娜已经约定好的墨西哥之行。故事讲完后，她抬起头，看着妈妈说："您知道吗，拉娜的妈妈甚至同意帮她支付来回的机票钱，你不觉得这很棒吗？"

"的确很不错！"埃德温的妈妈说道，"那你有什么打算？"

失望透顶的埃德温结束了自己的拜访，准备推门离开。这时，妈妈问她可不可以帮忙去取一下信件。

她妈妈家的车道很长，埃德温走向邮筒，边走边踢着脚下的石子，心里暗暗诅咒着。取信回来的路上，埃德温随手翻了翻那些信件，注意到有一封信是写给她的。

"要知道，我已经离开我妈妈家15个年头了，也就是说，15年来，家里从没收到过寄给我的信件。"她说。

埃德温对于来信人的地址也毫无印象，因此她撕开信封，真想不到信是她15年前的室友写来的，她现在也已经结婚了。当她们合租房子的时候，两个人都还年轻，也很穷，不得不像埃德温戏称的"早期的救世军"那样装饰她们的小屋。

但是，在她们合租了三个月之后，埃德温获得了一份在国外教书的工作，她离开了她的室友，也离开了她们合租的公寓以及她们买回来的二手家具。

信里写道：

亲爱的埃德温，我几天前在休斯敦的黄页上找到了你父母的地址。我想告诉你的是，我结婚了，搬进了我丈夫新买的房子。我们买了些新家具布置了现在的家，因此我把我们15年前买的那些家具全都卖掉了——结果是——你能相信吗？其中的一些家具居然相当值钱。想起我们当时一起合作布置我们的小窝的情景，我不忍心独吞这笔钱，随信附上一张支票，聊表心意。

"你知道吗？"埃德温说道，"这笔钱刚好够我支付机票钱，连零头都够了，另外还余整整100美元的零花钱！"

埃德温的故事还有续集。她和拉娜在墨西哥城度过了一个愉快的假期，她们随意购物，坐在泳池边聊天，还参观了金字塔，在那些集市逛了个够。

"无论我们走到哪里，都有人送鲜花给拉娜。"埃德温说，"我们在市场上散步，那些流浪乐手居然停止演奏，送给拉娜一朵栀子花。还有一天，我俩刚坐上公交车，一个小伙子就冲了上来，送给拉娜一束玫瑰，然后跳下车走了。我们正吃晚餐时，有人送给我们一个白色的盒子，拉娜打开一看，居然是一打兰花！"

"这时候，我感觉有点失落，就对上天说：'看啊，老兄，我也需要一个指示，表明也有人爱我。'"埃德温说道。

15分钟后，餐厅的服务员给她呈上了一盘开胃菜。

"上帝也真够幽默的。"埃德温大笑道，"你猜服务员带来的是什么？塞满了杏仁的橄榄果！"

实验方法 ⎯⎯⎯⎯

"在西方科学界，实际上包括我们所有人，现在都处于一个艰难的境地，因为为了维持我们已然习惯的存在形式，我们不得不无视大量的信息。"

——克里夫·巴克斯特，植物研究学家、美国中情局前工作人员

尽管这一原则是所有精神原则的基石（记住，"精神"这个词只是为了对应"物质"这个词），但是最早提出这一点的不是教会，而是在物理实验室里。是的，不管表面看起来有多矛盾，但确实是科学家最早发现了这一原则：人类并非物质，而是不停运动的能量波！

在这一实验里，你需要证明你的思想和感受也能制造能量波。你需要做的是：找到两个衣架，应该随便在哪个衣橱里都能轻易找到；把

衣架从挂钩处解开，拉成两根直直的铁丝，你的"爱因斯坦魔杖"就做成了，或者你也可以把它们折成字母L的形状，主干长12英寸，把手5英寸；然后，把一根塑料吸管一切两半（你可以在任何一家麦当劳店里免费拿到），再把魔杖的把手塞进吸管里（这样可以让你轻松地挥舞魔杖），把把手末端弯曲过来固定住吸管。

现在，假装你是电影《荒野大镖客》里手持双枪的枪手马歇尔·马特·狄龙，双手提到胸前，让这两根魔杖离你的身体保持10英寸的距离。一开始，这两根魔杖会颤颤巍巍地抖动（正如我所说，你是一条涌动的能量河），这时你要静待魔杖稳定下来。一旦魔杖不再颤动，你就马上开始下面的实验：

双目直视前方，开始回忆你曾经经历过的某些悲惨往事，因为你的情绪强度不一样，魔杖有可能会直直地维持平行不动（情绪相对微弱）；也有可能会朝里翻转过来，彼此针锋相对。这两根魔杖受控于你身体四周的电磁场，当它们感受到你的不快情绪和想法引发的负面频率时，就会开始对立。

现在，开始回想一些充满爱意和欢乐的往事，你就能把自身的频率调整到正向。这两根魔杖会朝外旋转，因为你的能量积极而愉悦，能量场也在向外扩散。

好，现在继续双目直视前方，但是，要把你的注意力集中在你身体左侧或者右侧较远的某个东西上，你就会看到你的魔杖在跟着你的思绪转动。这个实验你做得越多，随着你的频率的调整，你就会越来越熟悉振动的转换。

实验报告单

名称： 阿尔伯特 · 爱因斯坦原则

理论： 你是一个能量场，置身于一个更大的能量场内。

问题： 我真是由能量构成的吗？

假设： 如果我是能量场，那我肯定能控制我的能量流动。

需要时间： 两小时

今天的日期： _____年___月___日　　　　**时间：** _____

方法： 不用别的任何东西，我只需调动强有力的思想和能量，就可以让这两根魔杖开
始摇滚！再想想看，还有什么我毫不怀疑就能轻易实现的魔法呢？

研究笔记： ____ _____

　　　　　　　　_____

　　　　　　　　_____

"成为一名科学领域真正的探索者——踏上那神秘莫测的探索之路——不要怕提出
任何不可思议的理论，勇敢证明你的朋友、同事，甚至那些科学泰斗的观念都是错
误的！"

——琳内 · 麦克塔格特，《疗愈场》的作者

能量

9个能量场实验
激活不可思议人生

E-Squared

Nine Do-It-Yourself
Energy Experiments That
Prove Your Thoughts
Create Your Reality

巴拉巴拉咒语原则

实验四

凡是你全神贯注想要的东西，就一定会膨胀显形

"我可以对我的生活施加不可估量的影响，对此，我满怀信心，就像我确信我做个鬼脸就能吓哭那些小婴儿一样。"

——奥古斯滕·伯勒斯

美国作家

实验前提 ──────

当第一次听说思想能够带来某种实物时，我的第一反应和所有的知识分子及思想家一样，对其嗤之以鼻。不过与此同时，我也决定尝试一下，秘密地做个小实验又有啥坏处呢？

我的老师安德烈亚要求我写下三件想要的东西。这就是我需要做的全部，我无须将它们从空无一物中变出来，也不必认真地做个预算，我只需列个清单。管它呢，我想要一辆自行车、一台计算机，还有一架钢琴。

过了不到两周时间，我就骄傲地拥有了一辆美丽的红色山地车和一台IBM高级电脑。钢琴花的时间稍长一点。过了几年，我的朋友温迪有一天给我打电话，说她要搬到马里兰去了，问我要不要过来把她家的钢琴搬走。于是，我得到了她那架漂亮的樱桃木金博尔（kimball）钢琴。而我女儿因为从此被迫练习钢琴，就没停止过抱怨我！

是的，这一章就是你一直所期待的：如何让某种物质呈现在你面前。就是这一精神原则，吸引着那些将信将疑的信徒，朝自己梦想的道路进发。

我们来猜猜看，在你一生中的某个时间点，你已经读过《思考致富》《这辈子你能活得更好》《积极思考的力量》，以及其他融合了以上种种内容的书籍。尽管这些书籍年头久远，但它们能够一版再版是有原因的，因为它们揭露了宇宙的真理：如果你知道自己想要什么，就可以拥有它！

我的朋友克里斯，甚至我大多数朋友，都以为这一原则使用了某种魔法，有可能只对某些人适用。实际上，这所谓的"魔法"并不比你从密西西比州的比洛克西到新奥尔良更复杂——只要你有一幅精确的地图。我们假设你在比洛克西时所拥有的东西为一辆1994年产的破烂不堪的福睿斯车、一份你再也无法忍受的工作、无数个独自一人看碟的周末。而新奥尔良是你真心实意想要去的地方，那儿有一辆锃亮崭新的捷豹汽车、一份能让你最大限度地发挥和展示你个人能力的高薪工作，还有与一位极具魅力的异性一同观看电影的周末。

而你如何才能到达梦想之地呢？你要对新目的地念念不忘，你要忘记你所在的城市和你那辆破烂的老爷车。你会幻想，每时每刻，你要么在去新目的地的路上，要么正从那儿返回。你的每一个念头，都牵引你朝这个或者那个方向迈进一步。把你从新目的地带回此处的念头一般是，好工作和完美的约会对象是遥不可及的；或者更为常见的念头是，好工作和完美的约会对象是有，可都不是我的！

而把你带向新目的地的念头是：那份工作绝对很棒！或者，天哪，坐在我旁边的那个人真的很完美！你投入的能量越足，越感到兴奋，你到达那里所需的时间就越短。

有些人总会来来回回地彷徨：朝着自己的梦想前进几步，却又被焦虑和恐惧带回原地。也有一些人离开了身处的地界，走了一会儿，然后停下来四处打量后就泄气了，因为他觉得那里不是梦想之地的样子。

那里当然不是梦想之地的样子了，因为你还没有抵达呢！你看到的只不过是目的地周边的乡村而已，也是你前往终点的必经之路。既然你已经离开了原地，那就打起精神，继续前进吧。你做什么都行，但是千万别止步不前。想要到达有甜美香槟等着你去一饮而尽的终点，只能面向正前方，迈开步子向前走。千万不要回头看，原地已成历史，你要继续前进，全心全意地想着目的地的美好。

一开始，你会因自己的这种英雄行为充满了荣耀感，会惊奇地发现心系那美丽的梦想之地是如此美妙，你会一路欢笑着、蹦跳着，享受着路边的美景。然而慢慢地，那邪恶的退堂鼓就开始敲起来了。你的思想变得麻木，它们开始厌倦这种征程，只想退回到原地去——你知道的，就想回去一下，去喝一杯咖啡而已。你的注意力不再长时间集中在新目的地上了，而是担心你所做的一切皆是徒劳。你开始动摇：也许应该终止这悲惨的征途了，要不然等你忘记了来路就惨了！

但是千万不要停止！继续前进，继续想着梦想之地！

还有一件重要的事情你要牢记：你无须付出任何体力劳动，所有的这一切，只是为了训练你的思维——那个无药可救的懒家伙！

我知道，这听起来有点像空中楼阁般渺茫，但我一而再再而三地见证过它的奇迹。想要去梦想之地并不需要什么特别的天赋，只要你愿意永不停歇地往前走，只要你调动全部的注意力、所有能量以及意识就行。

我经常会想起魔术师从一个小孔里拉出一条丝巾的画面。只要你能抓住那最细微的一端，就可以把梦想整个拽出来。你唯一需要的只是一个很细小的"线头"而已。决定好你想要什么，然后全神贯注地前进，直到你将它整个牵引出来。

你能让什么东西显形？你所见、所听、所想的任何事物！整个世界其实都只不过是你的订货单。只要你曾经见过，或者只要你能想象出来，你就能抓住那根细线的一端，把梦想牵引出来！

也许我需要说得更具体一点。我朋友唐梦想能有一把马丁牌的吉他，这个品牌的吉他最便宜的一把也得要1100美元，而他当时手里并没有这笔现金。唐下决心想要一把吉他，然后他什么也没做，就只是坚持相信某一天，他一定会收获一把吉他。

差不多一年之后，他收到母亲的一条短信："你爸爸在旧货市场用5美元买到一把吉他，你可以送给黛西当作玩具！"

好了，那把准备让唐的女儿黛西当作玩具的吉他是一把罕见的1943年产的马丁000-28，是当时定做的100把吉他中的一把——和埃里克·克拉普顿演奏时使用的吉他是同一型号，在当地大概值2万美元。看来，黛西还得耐心等等，等着将来在唐的遗嘱里继承它！

我喜欢将这一原则叫作"自由女神原则"。尽管这一原则象征着每个人渴盼的一切——一趟去牙买加的旅行，坐落在马利布的一套豪宅……事实上，这和马斯洛需要层次论是一个路数。你所满足的只是第一或第二层次的需求，你需要把这一原则写下来。当然了，为此你要放下所有的物质焦虑，以便能真真正正地了解到真实的自我需求，实际上，那些"东西"并非你真心想要的。

如果神不是全心全意地想着海边的人们的话，他就不可能让那片土地适宜居住，也不可能变出数不胜数的面包和鱼。这么说吧，我不想让你因为自己想在马利布拥有一套豪宅而心生愧疚，这个想法没有丝毫错误，想要任何别的东西也一样。你无须感到愧疚，只要想着它，用你的全身心去想着它，向着它进发就行。只是你必须知道，你还可以拥有更高层次的需求。很多人皆是因为恐惧而囤积了太多物质。要知道，恐惧是我们必须努力摆脱的障碍。

让小鸭们排好队

"伟大的精神力量无处不在，你无须大声向它祈求，它能听到我们心里所想的一切。"

——布莱克·埃尔克，拉科塔巫医

很多人都以为只有向神尖叫"救救我"的时候，才能改变命运。事实上，神如同维持宇宙运转的能量场，而我们的每一个思绪都能够引发变化。每次我们起心动念时——无论我们想到的是什么，比如她穿那条裙子就像电影《发胶》里的约翰·特拉沃尔塔；或者如果再不给我升职的话，我就要崩溃了——都在影响着我们的能量场。也许我得一再重复一句话：每个念头都能影响FP！

为什么我们无法把水变成油？为什么我们不能用触摸去治愈癌症？唯一的原因就是我们的思绪四处散落。我们的思绪未能成为一个完整、持续、强有力的音叉，只是像初中生乐队里的号角手吹出的断断续续的嗡鸣。

我们一边祈祷某事出现转机，一边又忧心忡忡；我们一边想象一个乐观的结果，一边又暗忖我们的乐观只是胡扯；我们一边想和某个人确立恋爱关系，一边又担心他会不会背信弃义；我们一边想着发财致富，一边又想着要成为一个富人就像骆驼要钻进针眼般艰难。

那股力量总像皮球一般在墙上弹来弹去：往这个方向；不，等等，得朝另一个方向。我们的思绪就像被关在罐子里的萤火虫般胡冲乱撞，无所适从，因为我们对自己真正想要的东西毫无头绪。并非能量场没有回应我们的"祈求"，而是我们"祈求"了太多太多的东西。

要知道，普通人每天的念头大概有6万个之巨。可能你今天想实现心灵的平静，但你同时会因为该死的同事抄袭了你的网站创意而转了1200个念头。可能你想"思考发财致富"，但同时你也动了500个念头去担心已经逾期的车贷。当你弄明白自己每天都在思虑些什么，应该就能理解为什么偶尔为之的一次祈祷并不能得到神的回应。

你要做的，是百分之百地相信自己，克服世人习以为常的思维模式。要知道，你的大脑无比强大，你所产生的每一个念头，最终都会呈现某种形态。一定要牢记，你的念头本身从不会虚弱无效，只是因为你在召唤想要的东西的时候念力不够集中，从而产生了虚弱无效的结果。

牛顿第一祈祷定律

"选择你的念头，挑选你决定释放或者加强的情绪流，你就决定了……要施加给别人的影响，以及你人生体验的本质。"

——盖瑞·祖卡夫，《心智力》的作者

当你把一个网球抛到空中的时候，你确定它一定会再落下来。当然，它有可能落在邻居家的矮矮的牵牛花丛里，或者7-11便利店的屋顶上（那样你就不得不搬个梯子才能把它弄下来）。但不管怎样，它最终是要落下来的。

我们的决心就像是那个网球。你如何抛出去，就决定了它会如何落下来。就像牛顿在他著名的第三运动定律里所说的，任何一个发力者都会有一个对应的受力者。无论你发出什么，无论你"祈祷"什么……你的所得都是对应的。如果你释放出恐惧的想法，就会发生令你害怕的事情；如果你欺骗别人，别人也会欺骗你；如果你爱指责别人，别人也会指责你。但如果你释放的是爱，你也会得到更多更浓烈的爱作为回报；如果你为别人祈福，别人也会为你祈福。

如果你想知道自己真正想"祈求"什么，你要学着向内看，发掘心底深处最真切的渴望，你会看到除你之外没人知道的那个愿望。

我有个朋友特别害怕蜘蛛。她一直担心某天早晨，当她伸手去化妆盒里取口红时，却发现自己的手指被一只巨大的蜘蛛紧紧抓住。接连好几个月，这个从不曾告诉别人的担忧一直在她脑海里萦绕……猜猜发生了什么？有一天，她伸手进去，居然真的抓到一只肥硕、巨大、毛茸茸的狼蛛！

　　换句话说，人的思想是有创造力的。你的所思所想，创造了你所看到的生活和世界——无论你是有意还是无意。每一个思想都会引发某种振动，并根据其频率、强度和感受的不同反馈给你。你的思想根据它们自身的强度、持久性以及力量在你生活中一一呈现。

觉察你的思想是如何运作的

　　"我的内心深处，拥挤不堪。"

——普拉迪普·威那哥保，印度博主

　　你的思想总是在分裂的、不同的自我之间起起落落。如果你愿意，这些分裂的想法，会释放出不同强度的力。比如说，你下决心要买一栋新房子，可在你释放出那个决定的动力的同时，你也释放出一种近乎等量的无意识的担忧，担忧房贷压力太重。你开始担心利率，开始担心过期失效的保险合同会让你卖不掉现在的住房，这两种念头都释放出更多无意识的力。如果这些无意识的恐惧比你有意识的决定更强烈……猜猜看，哪一方会获胜？

对立的想法之间产生的"力"会导致混乱和怀疑。你一面拥抱新的感知和渴望，一面又被种种恐惧和担忧所困扰，因而启动了一场看不见硝烟的战争。

如果这场战争继续下去，你会开始怀疑所做的决定是否真的有效。或者你会得出结论认为这个方法对你不适用。你开始变得灰心丧气，觉得生活的压力远比你自己的力量强大。

相信我，它们并不比你强大，一点也不！只是你互相对立的思绪引发了能量场的混乱而已。

你的思绪是非常非常强大的，但是FP不只回应你的祈求。我再强调一遍：能量场可回应你的一切想法——无论是有意识的抑或无意识的——而这两种对立的想法一直在厮杀。下面是四种常见的斗争。

1. 老一套的惯例。 我们人类总是动不动就陷入某种烦人的习性。还记得我前面提到过的每天6万个念头吗？好了，其中有1000多个念头和昨天的完全一样，而科学家告诉我们，那6万个念头里98%都是之前念头的重复。

我的邻居家有一个智能的隐形狗篱笆。虽然肉眼几乎看不见，但如果她家那只杰克罗素㹴狗敢越过这个篱笆的话，马上就会被电击到。我们所有的人都像那只小狗一样——被困在看不见的篱笆内。

我们不用自己的思想去"生产"更多新的想法，去寻求生活中的伟大秘密的答案，而是将自己的思想浪费在那些琐碎、微不足道、毫无意义的事情上。我们来看一本最典型的女性杂志的封面文案：

如何快速减肥

华丽度假的完美攻略

小测试：你的另一半真的爱你吗？

难道我们没有别的更美好的事情要思考吗？

如果《女士之家》期刊的700万读者能抛弃脑中的杂念，转而思考：为了提高自身的灵性，我该做些什么？或者，我该如何让这个世界变得更友善？也许我们所担心的那些难题一年之内就全都能解决。如果700万人集中思考一个问题，那将是一股强大到不可遏制的力量！

2. 广告人的说辞。每一年，美国广告界都会花费4000亿美元来游说你，让你觉得如果不使用他们的产品，你就会成为一个彻头彻尾的失败者。所有的广告托词都是让你对所拥有的一切不满意，对你自身也不满意。美国人平均每天要看1500至3000个广告。即使那些非电视用户也经常被邀请"消费"。从ATM机监控器到干洗袋再到超市水果上的标签都是广告。

据我所知，最危险的是新上市的处方药广告。因为这些广告"教"人生病。纽约麦迪逊大街对此做出了巨大的"贡献"，诱使我们购买除臭剂、漱口水以及达美乐的买一赠一比萨。今天，广告商更是另辟蹊径，甚至开始训练我们生病！畅销书《重返荣耀》的作者史蒂文·普莱斯菲尔德曾提及，他之前任职的广告公司的老板指示他"发明一种疾病"，因为"然后我们就可以大卖特卖能治愈这种病的药了"。

3. 别人的思想。就像广播电波在空气中四处传播一样，其他人的思想也在不停地撞击着你，即使从未积极地去接收，但你还是不自觉地捡拾起你的家人、你周遭的文化、你的宗教信仰等林林总总的思潮。

我曾认识一个发明了几十种产品的人，其中就有好多是你我在日常生活中都能用到的东西。他一直被誉为"天才"，但如果你让他参加正统的阅读测试，他很可能会被送到小学一年级去重读。这个人从未学过阅读，而他是刻意这样做的。

"如果我会阅读，就有可能接收别人的思想，然后被杂乱的思想填满大脑。我宁愿不让自己受别人的干扰。"他说。

也许我该在这里澄清一下，我并非倡导文盲教育，我只是想指出：在这个充溢各种疯狂念头的世界里，一个人所受到的干扰越少，就越容易进入自己的FP。为什么很多精神领袖喜欢做冥想？因为这可以让他们沉浸在自己的情绪中。

4. **你自己的大脑。**不管你在思考什么，很可能总有一个更强大的念头将你挡在路上，不幸的是，我们都不时受到脑海中某些不停萦绕的"杂音"干扰：

我肯定出了什么问题！

我不够好！

我没有天分！

我不配得到它！

我做不到！

太难了！

我们应该横扫这些负面的心态，因为它们都是些错误的怨念，是我们在毫无知觉的情况下所接收到的。它们总是披着看似真实的伪装，如同你不知从何处捡拾来的护身符，让你在无意识的情况下佩戴着四处游走。你没法想象如果没有它们，你该如何开拓自己的人生，因为它们已经……深植于你心中！

当我开始为杂志写稿的时候，有一种自卑情结，害怕自己无法融入纽约的大都会生活。因为我来自一个中西部的偏远小镇，没法想象如何与一个纽约的时尚编辑沟通。尽管我发出一封又一封邮件陈述自己的想法，但我真没奢望会得到什么回应。我至多觉得自己或许有可能在这种"扫雷式"的搜索中找到一两个机会。

毋庸置疑，我得到的只是一堆回绝信，其数量大到可以给整个辛辛那提市贴壁纸了。那些编辑并未完全判我死刑，但也没人鼓励我继续写下去。

这时，我读到了劳伦斯·布洛克的《为你的生命写作》（*Write For Your Life*）。20世纪80年代初期，布洛克在《读者文摘》上的专栏曾经风靡一时，他和他的妻子琳内决定为那些痴迷写作的人举行一系列的研讨会。

跟其他教人写作的研讨会截然不同，布洛克从不教人如何设计情节或想方设法找一个经纪人，布洛克的研讨会强调的只有一点：要成为一个作家，必须先跳脱你熟悉的路径，甩掉你数不胜数的负面思维，不要总觉得自己是一个无趣、绝望的人！

在这个研讨会中，受训者们学会了冥想，去寻找合作伙伴，并坦诚自己最深的恐惧。他们尝试了种种途径，找出自己想要成为作家却未能成功的最根本的原因。

这些研讨会影响巨大，但是布洛克作为一个作家而不是一个活动组织者，后来也厌倦了周游全国、四处演讲的生活。于是，他出版了这本书，而我，恰巧在这个时候遇见了它。

我用心读完这本书。依照书里的指导做了所有的练习，我给自己写下很多确认信，我咨询自己内心深处的那个小孩，找出自己的恐惧所在。连续30天，我甚至会每天给自己邮寄一张明信片，在这些明信片上，我会写下这样一些备忘录：

你，潘，是一个伟大的作家！

你，潘，绝对可以写出让纽约的编辑们欣赏的文章！

你，潘，是一个有趣的人，人们想要听到你说话。

我相信那个邮递员会认为我有点精神不正常，每天浪费25美分（我记不清当时的具体邮费了）给自己寄明信片，告诉自己有多么优秀和多才多艺。但如果他知道这些事情给我的生活所带来的巨大变化，他自己也会这么做的。

突然，我得到了很多著名杂志的稿约——是的，都来自纽约的大编辑。首先，是《新娘》杂志，他们想要一篇关于夫妻互动游戏的小文章。《女士之家》期刊想要一篇坦帕湾的游记。一夕之间，我这个来自堪萨斯州的曾心生无限焦虑的作家开始接到全国性大杂志的约稿，而它们都是你会在牙医诊所里翻阅的畅销杂志。

难道我的文章突然变得晓畅优美了？或许有一点点吧（别忘了，这一条也是我写给自己的确认函的内容之一），但最重要的是：我改变了对自己的看法，从而改变了我的现实生活。

我不再去想"无人约稿"的事情，我摆脱了那种自怨自艾的念头，不再怀疑自己的天分不够为全国性的杂志写稿。

心系一念

"最主要的事情就是把主要事情一直当作主要事情！"

——在夏威夷见到的T恤衫上的文字

电影制片人迈克尔·摩尔在一次颁奖典礼的演讲中，给出了如下建议："所有的男孩子都应该牢记：一旦你不再对那个女孩子死缠烂打，她就一定会回到你身边！"

在某种程度上，我们的决心也是如此。我们固执地坚信我们需要某个奇迹或者目前还没有的东西，却无视事实的存在。如此的先决态度就是错误的。

当我们寻求某个答案时，总是错误地以为那个答案已然在那里等着我们。我们想得到爱、得到幸福，却无视整体的目标。我们以为人生的结果只是个悬念，而实际上这种悬念根本就不存在。

心系一念才是我们要追求的目标。你必须坚信你决定的事情早已发生，你必须感觉它已经来到你的身边——你只需让脑海中的想象排好队——或者说，把所有的思绪像激光一样集中起来。

不知你是否了解激光技术，但其工作原理就像是2001年9月12日美国国会的表现。还记得那些争论不休的老参议员和众议员的表现吗？在"9·11"恐怖袭击事件后，他们完全忘记了自己是共和党还是民主党人，是自由党还是保守党。在他们所有人的脑海里只有一个信念：我是一名美国人！还记得所有人高声合唱那首《天佑美国》的情景吗？这就类似于激光的工作原理。

不像普通的光线有许多不同类型，波长也不同，激光的波长都是一致的，因此可以集中起来，精准定位。

你就该这样控制你的意念，或者说，如果你想看到某件事情发生，你就该这样精准定位。

如果你去阿拉米语中追溯——或许你知道有这种语言——ask（请求）这个词的词根不仅仅有"好吧，如果不太麻烦您的话"之意，还有"声称"（比如说，声称这块土地为你所有）之意，也有"命令"之意。祈求某件事情实际上就是简单地确定你对它的所有权——你有这个权利，或者说，你有义务掌控自己的人生。

我们怎么确信呢？你或许会问。如同你确信2加2等于4一样，这只是一个简单的、不会改变的算术规则。如果2加2等于5，那就是算术错误。或者说，如果你没有得到想要的答案，那不是能量场的错，而是你自己弄砸了这个规则。

一个完整的、人格健全的人集中意念所下的誓愿，就像是一束激光—— 一条单一的、指向清晰的光束！

"能量"证据 ————

"船停泊在港口是很安全，但我们建造它的目的，并非是让它永远躲在港口！"

——贝娜齐尔·布托，巴基斯坦前总理

34岁的时候，奥古斯滕·伯勒斯决定戒酒，发誓要成为《纽约时报》畅销书作家，正如他在《魔法思维》（*Magical Thinking*）里所言："对一个身处困境的酗酒成性的广告文案来说，想要成为一位受大众热捧的文学大家，只是个奢望罢了。然而有一天，我决定：这就是我的奋斗目标！"

14天之后，他完成了自己的第一部手稿，一本名为《疯狂购物频道》的小说。

"我没想到这本书会畅销，它只是一本爆米花式的休闲书，我所希望的只是它能顺利出版而已。"奥古斯滕说。

然后他写了一本童年回忆录。

"就是这时，我做出了决定：一定要成为《纽约时报》畅销书作家，我必须名列榜首。这本书必须被翻译成几十种语言，而且要拍成电影。"他写道。

他的代理人建议他收敛一点野心。

"我能理解他的意思。"奥古斯滕解释说，"但我也坚信这本书将取得巨大的成功，不仅仅因为它是我史无前例最用心的一本……还因为它能让我从那烦人的广告文案工作中解脱出来，成为一名真正的作家。"

奥古斯滕的童年备忘录《一刀未剪的童年》在《纽约时报》畅销书榜单上连续70周位居榜首。据不完全统计，这本书至少在15个国家出版发行了，最后还被拍成电影，由知名影星安妮特·贝宁主演。

"运气？或者是一个绝望男人随随便便发出的贪婪愿望？"奥古斯滕说道，"不，根本不是机遇的原因！"

祈祷的力量

"奥利，那东西远比你我都强大！"

——斯坦·劳莱，英国喜剧演员

人们经常会告诉我说："我从不祈祷，那纯粹是浪费时间，就像相信圣诞老人或者牙齿仙女一般幼稚。"我的回答是：人不可能停止祈祷，那是根本做不到的！神秘论者托马斯·莫顿曾说过一句话："我们的一呼一吸都是祈祷！"

就拿阿尔·安瑟来说吧，他从不称此为祈祷，但是在他48岁生日的五天前，在他第四次在印第安纳波利斯500英里大奖赛夺冠的时候，他呈现给我们的却是祈祷的真实力量。

那一年，确切地说是1987年，尽管他之前曾三次夺冠，但他的赛队还是毫不客气地抛弃了他。在他22年的职业生涯里，这一次他可能不得不坐在跑道旁观看比赛了，他的赞助商及其他所有人都视其为廉颇。

然而在他内心深处的每一个念头都确信自己廉颇未老，他仍坚信他还可以夺冠，他的"祈祷"是如此强烈。意外的是，代替他在赛队中的位置的赛车手丹妮·昂盖斯在训练中受伤，安瑟被再次召回，并得到一辆备用的二手的考斯沃斯赛车。

除了他自己以外，没有任何一个人看好他，不仅仅因为他开的是一辆破旧的赛车，还因为在那熟悉的发令声"先生们，开足马力出发！"
之后，他就被困在第20名的位置了。

然而这一切并没有困住这位三届冠军，他身体的每一根纤维，都预
测到了自己成功胜出的一幕。他要的只是成功，此外别无所求。最后，
在第183圈，他冲出重围，成功冲过终点线，再次为自己赢得了印第安
纳波利斯500英里大奖赛的桂冠。安瑟从未动摇，他的每一个念头都在
"祈祷"着胜利的光芒。

再比如，让我们想想那位伟大的母亲，之前从没扛起过比她买的冷冻
食品购物袋还重的任何东西，居然抬起了重达两吨的普利茅斯车，将被压
在下面的6岁的儿子解救了出来。在那一刻，她全身心只有一个念头——救
出心爱的儿子，除此之外，再无杂念。"我必须把那辆车抬起来"是她脑
海里唯一的"祈祷"，在她内心深处，根本未曾考虑这是否可能。

实验方法

"我们被牢牢困在被训导好的思维模式里。"
——巴克敏斯特·富勒，美国发明家和未来学家

在这个实验中，你所要启用的只是你思考的力量，然后将某种东西
吸引进你的生活。你需要确立一个意念，要给你的生活带来某件东西，

你可以具体到这东西的品牌和型号。

因为你只有48小时，所以最好确定好目标，不要让它轻易将你的思绪带回过去。比如说，如果你想得到一辆宝马Z3 2.8跑车的话，很可能你的想法是：好吧，这纯粹是痴人说梦。毋庸置疑，类似这样的想法是没法将你带到梦想之地的。为了改变我们习以为常的模式，还是一步一步地慢慢来吧。选准某件让你怦然心动的东西，比如说剧院前排的座，或者你的另一半送给你的一束美丽的花。

所以，尽量把你的目标具体化至关重要。要知道，能量场的能量常常超出你的想象！

实验报告单

名称： 巴拉巴拉咒语原则

理论： 凡是你全神贯注想要的东西，就一定会膨胀显形。

问题： 我真的能通过心系一念而无中生有吗？

假设： 我确定好内心的意念，然后全神贯注于这种意念产生的结果，最终就能将我想要的东西带进自己的生活。

　　　　我想要：_____

所需时间： 48小时

方法： 我已经扫描了这个被称作"世界"的巨大清单。为了这次实验，我决定如上所写就是我在接下来的48小时内想得到的东西。我会将全身心投注于此，并牢记亚伯拉罕-希克斯所说的话：建造一座城堡和做一个纽扣一样简单！

今天的日期： _____年___月___日　　　**时间：** _____

创造的最后期限： _____

研究笔记： _____

　　　　_____

　　　　_____

"很多人以为自己是在思考，其实他们只是将脑海里的偏见重新组合一番而已！"

——威廉·詹姆斯，美国心理学家和哲学家

能量

9个能量场实验
激活不可思议人生

E-Squared

Nine Do-It-Yourself
Energy Experiments That
Prove Your Thoughts
Create Your Reality

亲爱的艾比原则

实验五

你和能量场的连接，为你的人生提供了无限多的精准指导

"在我为某个决定或者某个难题焦头烂额的时候，我总希望能很快云开日出，希望能听到冥冥中传来查尔登·海斯顿那般磁性的声音邀请我们上到二楼，然后在那里，生活的管理员会坐下来和我们侃侃而谈几小时，耐心回答我们所有的问题并给我们以指示和引导。"

——亨丽埃特·安妮·克劳泽尔

《写下来，实现它》的作者

实验前提 ———

我们的内在向导一直都在，当你需要内在向导帮助的时候，无论你想要什么——它从不会缺席——以前不会，以后也绝不会！

想依赖其他任何工具帮你做决定都是自寻烦恼，那个"猴头"（佛教中对那些干扰人的念头的专业称谓）总是嘁嘁嚓嚓地响个不停：我该做什么，我要做什么？——这种困惑绝对无法解决你的难题，那感觉如同用一把指甲剪去修剪草坪一般。然而这恰巧是我们多数人获得指导的途径——我们接收左脑发出的指示，殊不知，那里早就被各种各样的误判、误读、谎言填满。

我们的意识只有两个作用——第一，确定问题所在；第二，确立目标。

凡是已经驯服了自己大脑的人，都会合理利用它来确定自己的问题所在，做出决定，然后迅速回归原位。这就是我们的大脑皮层最擅长的事情：播下种子。但是，我们的意识总是要掺和进来，自作聪明地权衡各种利弊，然后做出自以为"合乎情理的决定"，而我们的直觉总是被诅咒。

一旦我们的意识确定了问题所在，确立了努力的目标，它就开始抱怨，不停地哀叹这个问题有多严重，为何难以在短期内解决；那个决定听起来不错，但是……我已经努力过了，见鬼，还是像上次一样无法解决。一言以蔽之，这个在你的脑海里急得团团转的医生并不是你最好的救赎。它做出的诊断歪曲了现实，引起很多不必要的情绪焦虑。

比如，简在用她的"有意识思维"做决定，想改善她与丈夫之间的紧张关系，可惜思维并没有撤回来，使她做出的决定开花结果，也没能暂时遏制住自己的意识，转而去寻找某些能帮得上忙的资源。相反，她的意识开始制造各种各样"合乎情理"的借口，想打退堂鼓，很快她的意识就开始尖叫："想让我这么做，门儿都没有！"

此后，就有一个不和谐的声音不停地吵吵，就像一群摇滚乐迷在父母家的车库里排练各种打击乐器一般吵闹：

"我和丈夫之间一直都是在做戏。"

"我丈夫欲求太多，人太懒！"

"我永远也得不到自己想要的生活！"

换句话说，你的"有意识思维"开始不停地干扰你。问题就在于：在它经历更多事情之前，它根本做不到放下过去、放眼未来。它不肯真正实施它前期所做的决定。因此产生的结果注定会是一团乱麻，残酷而又反复无常。

最好的解决办法就是各归其位，用你的指甲剪做它该做的事情，把它放回到小药箱里，找出一个更适合修剪草坪的工具——你的内在向导。

一旦你找准了内在向导，就会觉察出他有多可靠。而且，他的答复总是很平和、很中肯，他会回应所有不可预知的问题，而这些问题是你的意识根本无法理解的。

内在向导总是不期而至 ————

"我一直都不明白内心深处听到的声音来自何方。我当然不会以为那真的是神的声音，或者是我的某个先祖带着爱尔兰口音的声音，抑或是更高级别的外星生物从它们的宇宙飞船上给我发送来的心理数据包——尽管最后一种设想相当好玩！"

——D. 帕特里克·米勒，"无畏书库"网站创建者

有时候，内在向导总是不期而至。就像那个深夜，我为出生不久的女儿高烧不退而担心得要死。我抱着塔斯曼在家里急得团团转，都快发疯了，不知该如何让她的体温降下来。当时是凌晨三点钟，尽管我的朋友总是说："如果有需要，无论何时，记得给我电话。"他们很可能是真心的，可我没法冒昧去做，我只能抱着女儿在小屋里转来转去。突然，我的脑海里冒出一个声音，它说道：我把这个宝贝天使送给你，可不希望就这么带走她！我的心一下子平静下来：我知道她会没事的！

有时候，内在向导给我们的信息就像那种八面都写有答案的算命球般准确。我的朋友达琳有一次曾看到一个当时感觉相当荒谬的画面。她觉察内在向导想让她去应聘北卡罗来纳州她常去的教堂的乐队指导一职。听起来很不错，除了一个小细节：她根本没接受过任何音乐训练，

唯一会的乐器只是中音萨克斯——但也吹得相当差劲。当然了，她热爱唱歌，但是爱唱歌和指挥一群乐手合奏实在是八竿子打不着的两件事，她的意识开始指手画脚：达琳，你这个傻瓜，老天怎会想到让你去指挥一个乐队呢？

因此，她决定做最后一次尝试—— 一个中场测试，不能太晚——并跟自己确认了那个幻觉的所属地——就在当地的垃圾场。

她开始和自己的内在向导协商：如果您真想让我指挥这个乐团的话，请让我在今天结束之前遇见教堂的神父，或者董事会主席，抑或钢琴师。因为当时是星期一，教堂已经做过上周的礼拜，所以她断定自己会安全度过这一天。然后，她一整天都忙着工作，而能在这个社区碰见他们中的任何一个的概率近乎零。

下班回家的路上，她顺路去杂货店买东西，走到排队的地方时，她听见有人喊道："嗨，达琳，你在这里做什么？"

这声音不像凌晨三点听见的那种从内心深处传来的让人安心的天籁之音，而是来自玛丽·詹金斯——教会的董事会主席，她正在达琳前面排队。

再重复一遍，内在向导总是不期而至。拿破仑·希尔——《思考致富》一书的作者，每晚临睡前，都会和一群想象的议员进行会谈。他脑海中的人物有爱默生、托马斯·潘恩、达尔文、林肯、路德·伯班克、亨利·福特、拿破仑以及安德鲁·卡内基。作为这个假想内阁会议的主持人，希尔只要提出问题，总能得到一些建议。

这种午夜聚会持续了几个月后，希尔惊讶地发现，他所想象的这些被任命的内阁会议的议员，开始发展出各自独立的人格，比如说林肯，开始动不动就迟到，来了后又自个儿走来走去，而伯班克和潘恩两个人的对话经常妙语连珠。

"这种体验变得如此真实，以至于我开始惧怕最终会出现的结果，所以就终止了这个活动。"希尔在他的《思考致富》中承认道。

就像很多接受非同寻常的内在向导的人一样，希尔也不太愿意承认他的晚间议员聚会。

然而他还是表示："当我的内阁成员只纯粹是我的想象时……他们带我踏上了一次神奇的冒险之旅，让我重新认识了那些真正的伟人，他们鼓励我进行创造性的思考，激励我勇敢地表达自己的真实想法。"

内在向导总是不期而至，只要你开放心灵去倾听。我们中的有些人需要当头棒喝才能开窍，而另一些人一直心胸宽广，比如葛瑞·雷纳——《告别娑婆》的作者，所以有一天晚上，当他看电视时，突然出现一对早已离世的大师，给了他很多指导。

迈克尔·贝克威思，在他成为邻近洛杉矶的大爱国际灵修中心（Agape International Spiritual Center）的新思潮牧师之前，有一次在幻觉中看到一张羊皮卷上写着："迈克尔·贝克威思将会在塔科马宗教科学教堂做演讲。"不久，塔科马宗教科学教堂的牧师打电话给他："你好，迈克尔，我们想请您……"迈克尔只是回答说："我知道！"

我们总是将内在向导列在永不联系的黑名单上

"形式化的宗教仪式的主要功能之一，就是防止人们获得神的那种直接体验！"

——荣格，瑞士心理学家

不幸的是，我们多数人都严格限制各种内在向导的进入。我们已经暗自决定：如果神给我们用霓虹灯、电报、信件做提示的话，那没问题。但是别的方式呢？有点太吓人了吧！

如果有一张羊皮卷在我们面前突然展开，或者我们看电视剧《广告狂人》时，一位仙逝的哲人突然现身，估计我们会被吓傻，而如果有天使真的出现在床前，估计我们得打电话报警了。

这一切对于我们的内在向导来说真是有点难度。如果有人向你提问，然后却转过身去不理你的回答，你该怎么办？我们就会像那些5岁的小屁孩，用两根手指堵住自己的耳朵大叫大嚷。

当电话铃响起时，你不会拿起话筒直截了当地独自说话，而会先打声招呼："你好！"，然后耐心倾听电话那端的人讲话。我们在这里不停地抱怨那个更高的存在不给我们任何清楚的指示，却不知道我们那该死的话筒一直都未曾挂上。

有一天，写过《与神对话》的尼尔·唐纳德·沃尔什手拿一支笔，心事重重地坐在那里，突然听到一个声音，把他吓了一跳，他推断那是神的声音，只听那声音问道："你是真的想寻求答案，还是顺口说说而已？"沃尔什犹豫不定，不知是否要回答，但他最终说道："两者皆有，如果您知道答案的话，我乐意洗耳恭听。"

我们到底从哪里听到这种愚蠢的说法，说什么只有幸运儿才能得到内在向导的青睐？这在很大程度上可归因于我们所听闻的关于神的传说，他的存在是如此神秘，我们只能不停地祈祷。事实上，每个人的内在向导都可以全然信赖，随时随地能够起用，关键在于你决定何时开始收听，就跟我们收看有线电视一样，"他"也是随时随地处于待命状态的。

"能量"证据

> "不管你已然拥有多少证据，一直以来，你都在试图隔绝那些'非同寻常'的体验。"
>
> ——玛莎·贝克，《奥普拉》杂志专栏作家

迈克尔·贝克威思，我前面提及他曾看到一张羊皮卷。有一天，他抬头仰望旋转的风车，那时他尚未成为牧师，还不确信追随神的召唤是

否正确。他冲着风车直截了当地说："神啊，如果您在听我说话，且真的想让我走上这条路的话，请您让风车轮子转向我！"

尽管当天风很大，风车毫无规律地飞速旋转着，可他话刚落音，就看到风车轮子停止了正常的转动，直直地指向了他！

当然了，贝克威思之前已经有类似这般匪夷所思的体验了。他在上大学时，为了勤工俭学（当时他想努力成为一名医生），不得不倒卖药品——当然只是卖给他的朋友们。因为他是一个爱交际、心胸开阔的人，生意做得风生水起，他的大麻批发店遍布东西海岸，让人不得不相信：如果照此发展下去，他完全可以在24岁时功成身退。

然而他总感觉有点不太对劲。他的内在向导不停地刺激他，让他做一些稀奇古怪的梦，强烈暗示他还有一条更光明的路可走。于是，他暗自决定放弃卖药生涯，去追寻那条更光明的路。他告诉朋友一切都结束了，他要退出，但就在他进行最后一笔药品交易时，他被联邦特工突击逮捕。现在，请注意，贝克威思当时不仅拥有100多磅的大麻，还有大笔的现金、枪械。

然而，他一直听到内心深处有个声音："没事，一切都会好起来的！"

他安之若素地等待着审判，朋友们都认为他疯了。"你为什么一点都不担心，一点都不着急？为什么不想办法摆脱这可恶的官司？"他们问道。

他回答说："我是有罪，但是神已经向我保证过了，会没事的！"

当时，他已经预见一个更宏大的画面。他平静地走上法庭（他的代理律师罗伯特·夏皮罗刚开始律师生涯，正处于见习期），坚信不管发生什么事，他都会受到那个真实存在的厚爱和照顾。结果正如他所料，由于诉讼程序问题，他摆脱了惩罚。法官判决他重获自由，并希望再也别在法庭上见到他。贝克威思确保他再也不会惹上任何官司。

有时候，无限能量场会努力接近那些对它的存在嗤之以鼻的人。1975年，加利福尼亚州的杰拉尔德·扬波尔斯基，这个外表看似事业有成的精神病专家，内心四分五裂。因为他那维持了20年的婚姻刚破裂。他严重酗酒，还患上了慢性病，脊背经常痛得直不起来。当然，他从没想过要去求助自己的内在向导。

诚如他所说："我绝对是最后一个想到使用神和爱这种思维体系的人！"

但是，当他第一次看到《奇迹课程》这本我前面已多次提及的书，书里教导人们选择爱而不是恐惧来改变自己的人格时，他听到一个清晰的声音告诉他："心理学家，请先治愈你自己吧，这才是你回家的路！"

当然，这的确是他回家的路。现如今，扬波尔斯基已经写了很多本书，他四处宣讲《奇迹课程》里的内容和原则，后来还在加利福尼亚的索萨利托为生命垂危的病人们创办了一个治疗中心。

每周7天，每天24小时，内在向导随时待命，但我们总是漫不经心，养成从不倾听的坏习惯。就像从第三世界来的交换生，因为生长在电子产品奇缺的环境里，所以他从不知道可以随时拿起床边放的电话机的话筒，和生物课上那个可爱的小女生取得联系。他傻乎乎地以为只能等到明天在学校见面后才能和她说上话。这感觉也像我在前言里提及的被我们完全忽视的"空间加热器"。

更多"能量"证据

"但愿神给我明示，比如说给我在瑞士银行里留一大笔写着我名字的储蓄金。"

——伍迪·艾伦，美国电影制片人

25岁的时候，演员杰米·李·柯蒂斯和她的好朋友黛布拉·希尔在她新买的公寓里闲聊。黛布拉给电影《月光光心慌慌之大屠杀》当编剧，这部惊悚片开创了柯蒂斯的电影生涯。黛布拉带来了最新出版的《滚石》杂志，作为祝贺好友乔迁新居的礼物。她俩翻阅着杂志，开心地聊着柯蒂斯才结束的一段感情，这时，她们翻到了一张三个男人合影的图片。

柯蒂斯指着最右边的那个男人。只见他穿着一件格子衬衫，傻傻地笑着。她很肯定地告诉黛布拉："我要嫁给这个男人！"

此前，她从未见过这个男人，根本不了解他是谁，但她内心深处有个声音告诉她：这个人就是她的"真命天子"！

"那是克里斯多弗·盖斯特。"黛布拉告诉她，"他最近主演了一部新拍的喜剧片《摇滚万岁》，我认识他的经纪人。"

柯蒂斯被自己的直觉所召唤，第二天，她主动给克里斯多弗的经纪人打了个电话，并把自己的号码留给他，请他让克里斯多弗给她回个电话——如果他愿意的话。

然而克里斯多弗从没打给过她。

几个月过去了，有一天，柯蒂斯在著名的西好莱坞雨果餐厅用餐，她随意扫了一眼，发觉自己居然看到了那个杂志上的男人，他就坐在离她三个桌子远的地方。他冲她招招手，似乎在说："我就是你打电话要找的那个人。"她也笑着挥挥手。

天哪，她心里想，真有意思！几分钟之后，他起身准备离开，只冲她耸耸肩、挥挥手，就走了出去。柯蒂斯低头盯着自己的盘子，恨不得踢自己几脚：居然蠢到去相信那所谓的"内在向导"！

可是第二天，她的电话铃响了。是克里斯多弗·盖斯特，他想约她出去。四天之后，他俩在梅尔罗斯的基安蒂餐厅共进晚餐。一个月之后，当克里斯多弗出发去纽约拍摄《周六夜现场》的时候，他俩已陷入热恋之中。

不久后的某一天，他们在通电话，克里斯说："我今天去第五大道溜达了一圈！"

"哦，好啊，"柯蒂斯说道，"你去那儿做什么？"

"你喜欢钻石吗？"他问。

1984年12月18日，他们结婚了，距离柯蒂斯首次接受内在向导仅8个月时间。

实验方法 ————

> "让红海分出一条道路,将水变成血,令灌木丛熊熊燃烧……即使
> 是在纽约,这样的事情现在也再不会发生了!"
>
> ——迈克尔·克莱顿,《侏罗纪公园》的作者

在这一实验中,我们将会证明柯蒂斯那样体验过的内在向导并不像电影《阴阳魔界》里演的那样诡异,内在向导是一个实用无比的"工具",可供我们大家随时随地调用。

你需要48小时来体验,你可以提出一个具体的问题,然后期待一个具体的、明确无误的答案。可以简单到问是否能养一只暹罗猫,也可以复杂到问是否接受一份新工作邀请。无论简单还是复杂,给你的内在向导48小时来做出回答。

请选择一件困扰着你的事情,其答案必须为是或否,而且你真的对这件事感到百思不得其解。我知道你现在内心已经开始在琢磨,但不管那是件什么事,这个方法都会奏效。

现在看着你的手表。请要求得到一个清晰的、无可辩驳的答案,并要求它在48小时之内必须出现。它可能很快就会露面,也可能需要一整天时间。但是记住,你需要一个清晰得如同霓虹灯般闪亮的答案。

确立自己的目标和时间期限,这是你要做的事情,其他就留给能量

场去发挥好了。

斯坦（还记得我在前言里提到的那个在伊莎兰遇见的可爱的前冲浪运动员吗？）失业了。更惨的是，和他交往三年的女友也决定离开他。毋庸置疑，他必须做出一些相当严肃的决定。斯坦在他的日程上确定的第一件事是要赚钱，但他根本不知道自己想做什么，我提醒他只要他做出一个决定，确定一个时间期限，一幅神旨般的蓝图就一定会出现在他的生活中。

斯坦就说了些类似这样的话："嗨，老天，如果您真的对我的人生有一个筹划的话，我就可以以此为导向了。我时间不多，希望能在周五早上看到您的明示！"

星期四下午，斯坦和一个素未谋面的人坐在同一个温泉池中。这个人碰巧提到他在宾夕法尼亚的劳雷尔高地新开了一家自我修习中心，想要找人帮他经营。斯坦灵光乍现，可以肯定的是，30分钟不到，他就得到了这份工作。

所以，赶紧启动你的能量场吧！

实验报告单

名称： 亲爱的艾比原则

理论： 你和能量场的连接，为你的人生提供了无限多的精准指导。

问题： 我真能迅速得到一个清晰可行的指导吗？

假设： 如果我请求内在向导，我会对如下是或非的问题得出清晰的答案：

_____

_____

需要时间： 48小时

今天的日期： _____年___月___日　　**时间：** _____

收到答案的最后期限： _____

方法： 好吧，我们开始了。内在向导，我需要一个答案，你有48个小时的时间，请
　　　　让它快点现形吧。

研究笔记： _____

　　　　　　　_____

　　　　　　　_____

"人类，被团团事实包围，从不给他自己任何的惊喜、任何直觉的冲动、任何伟大的
假设、任何无畏的冒险，只是困在一个壳里。没有什么比无知更能如此严密地封锁一
个人的大脑。"

——阿尔伯特·爱因斯坦，理论物理学家

能量

9个能量场实验
激活不可思议人生

E-Squared

Nine Do-It-Yourself
Energy Experiments That
Prove Your Thoughts
Create Your Reality

超级英雄原则

实验六

你的思想和意识，影响着所有的物质

"世界的发展并非由物理原理预先确定……人类的大脑具有某种强大的能量，能够影响一组原子，甚至干扰单个原子的行为表现。"

——亚瑟·斯坦利·爱丁顿爵士

英国数学家和天体物理学家

实验前提 ————

日本学者江本胜博士花了15年时间去研究人类的语言、思想以及感情对物质世界的影响。江本胜博士选择了传统的四大元素之一——水，来观察不同的语言、音乐、祈祷和祝福等引起的水的反应。他取样了一万多份水标本，然后与他的助手们跟水说话、对水演奏音乐、请来法师给水诵经。然后，他们把这些水标本冷冻，用显微镜观察水分子的结晶。

你可能会问：水和这一切到底有什么关系？请注意：水随处可见，即使是在空气中。事实上，人体及整个地球的70%都是水，所以如果话语和思想会对水产生影响，那么这种影响将会波及其他由水分子组成的更大、更复杂的系统。

江本胜发现：当研究人员对水进行积极情绪刺激时，水的结晶图案就非常规则、美丽；而当他们对水进行消极情绪刺激的时候，水的结晶图案就会变得非常不规则。

暂且不管江本胜的实验是否有科学依据，我们暂且也保持怀疑的眼光看待这一切。我引述这个"怪诞"的实验，也只是想表明一点：我们不够了解身心所能产生的能量，忽略了去学习和寻求内在智慧，而只是习惯听到："这是医生，那是护士，要是身体哪里不舒服，就去找他们咨询。"教练告诉我们，如果我们表现得足够好，就可以加入篮球队；老师们帮我们判断艺术天分是否足够。我们被教导将自己内在的力量翻转过去，只一味地去向外界寻求帮助。

观念的力量

"我的大脑里面是一个混乱不堪的社区，我尽量不自己一个人进入其中。"

——安妮·拉莫特，美国作家

1956年2月17日我刚出生的那一瞬间，我无助地躺在粉色的摇篮里，父亲看了我一眼，宣称我是他见过的最丑的小孩。不用说，我的母亲已经筋疲力尽了，而对于才降临人世一分钟的我来说，一切似乎已成定局：不够美丽——已经为我今后的全部人生标注好了颜色。

父亲这句影响我一生的断言，起因于我那紧贴在脸颊上的鼻子，就像是一只在马路上被轧死的负鼠。我出生时，母亲在痛苦中挣扎了足足18个小时，最后，她的妇产科大夫决定用一把冰冷的产钳进行助产，而我在与这把产钳搏斗的过程中，被弄成了个塌塌鼻。

后来，我的鼻子慢慢地恢复了正常，但是我那脆弱的内心一直在萎缩。我近乎绝望地渴望自己变得漂亮，我想向父亲证明自己并非那么差劲，我想弥补自己带给母亲的尴尬和羞愧。

我四处搜罗美容杂志，像一个生物学家研究细胞般地学习那些模特的造型。我用橙汁易拉罐给自己卷头发，还订购了《十七岁》杂志封底上的绿色面膜和去黑头的镊子，我省下每一分零用钱买了一套伊卡璐电卷发器。我给自己的双手涂满了润肤的凡士林，因为怕弄脏床单，晚上睡觉都戴着手套。我把蒙哥马利·沃德公司目录上的"好看"发型图案全剪下来，贴在我为自己制作的《美丽之书》上。

在这本私人扮靓书上，在那50多个顶着不同发型的脑袋图案旁边，我给自己列了一个长长的美容目标：将腰围减少5英寸，让胸围增加6英寸，把头发留起来，等等。在其中一页上，我甚至把实现每一个目标的具体方案都写了下来。比如说，为了让我的腰围变小，我要求自己每天坚持做50个仰卧起坐，每天早上限制自己只吃两个煎饼，不准吃银河巧克力。

尽管用心良苦，但是漂亮仍旧离我十万八千里。不管我多么努力，都无法让自己看起来"漂亮"。我该怎么办？我的全部存在都围绕着父亲的那句"丑小孩"的评价。那是对我人生最初的判决，影响了我后来的全部生活。想挑战它就意味着让我所认识的每个人蒙羞——我的父亲、母亲，还有我自己。

情况越来越糟糕。六年级的时候，我的视力开始下降，不得不戴上一副黑色玳瑁框眼镜。九年级的时候，我终于说服父亲给我买了一副隐形眼镜。可这个本该让我变漂亮的东西，却因为我过敏迅速让我脸上长出了成片的痘痘。我做小孩看护挣来的钱全都花在购买Clearasil的祛痘产品、爽肤水以及"天使面孔"牌化妆品上了。有一年夏季，当我听说巧克力和软饮是引起粉刺的罪魁祸首时，我甚至戒掉了可口可乐和糖果。

然而，雪上加霜的是，我那幸运逃脱产钳和"丑小孩"判决的妹妹，有一天提醒我说，我的门牙歪了。又一次，我不得不把家里给我的零花钱全部投资在箍牙套上。

不幸的是，所有这一切努力都白费力气，直到我彻底改变骨子里觉得自己很丑的看法之后，我才意识到这一点。无论我进行了多少锻炼，用了多少化妆品，把自己的发型变成什么样子，只要我仍旧围绕着父亲的那句判断来做这一切，就注定还是那个他所见过的"最丑的小孩"！当然，情况有时会有所改善。我会把脸上的痘痘弄掉，或者把头发留长，把牙齿矫正，但是过不了多久，一定会出现新的状况，再次让人想起那寒入骨髓的"丑样"。

你知道，我的身体必须接受我的大脑设计好的蓝图，此外，它别无选择。

只是这一次，我发现了一些心理自助类图书。真是一场奇妙的相遇。凡是觉得自己长得像弗兰肯斯坦的大一新生，都该阅读它们来提升自信。

我先从阅读韦恩·戴尔博士的《你的误区》开始，然后又阅读了芭芭拉·沃尔特斯关于如何进行得体谈话的书。我学会了如何赢得朋友和影响别人，学会了如何用积极的思想来给自己充电，学会了如何思考致富，等等。所有这些阅读让我改变了对自己的看法，我开始积极寻找我所喜欢的事物。

我甚至开始重新审视自己的相貌。首先，我个子高，也就意味着我想吃多少就吃多少，不用担心变胖。还有，我浓密的头发也是一笔不错的资产。而我最要好的朋友的妈妈曾说过，我的眉形长得很完美。我不再寻找自己身上的缺憾，而聚焦于自己满意的地方。其结果真的如魔法般神奇，我开始发现自己内在的美。当我不再责怪镜子里的那个可怜的女人时，她开始了日新月异的变化。当我不再竭力改变自己的时候，人生却发生了巨变。

奇迹般的事情接踵而至。我的视力恢复正常，终于可以扔掉那个可乐瓶底般厚重的眼镜；那些莫明其妙冒出来的粉刺，也全都消失不见；我的牙齿，经过几个月的矫正之后，也变得和家族里其他人一样整洁。事实上，我唯一一次觉得自己还不够美，是去看我爸爸和他第二任妻子的时候。

尽管我当时并未意识到，去看望父亲时，我的"相貌"再一次发生了变化。究其原因，是我骨子里一直渴望得到他的认可——或者至少是我以为的他对我相貌的认可。现在我终于懂得，父亲的那句评价是无心之过，他并非存心想伤害我！

但我当时并不明白，我把那个"丑小孩"的评价刻在内心深处，然后又在现实中活灵活现地把那个"丑小孩"一笔笔勾勒和创造出来。

至于我的近视眼，有人会争辩说那是基因遗传。其实，那也是我自己的发明创造，我们全家人，除了我，没有谁近视，视力都是完美的5.0。同样，家中其他人也从没戴过牙箍，他们的牙齿长得如同画上的一般完美。

"能量"证据

"因此，我不再哭泣，不再延误，不再需要任何东西。从这一刻起，我从想象之列和无限之中寻找我自己。"

——沃尔特·惠特曼，美国诗人

疾病是一种选择！也许你已经注意到了，我把这一章藏在全书的后半部分。

你之前或许听过类似的说法——某某得了癌症，其实是由能让人一夜之间白头的愤怒和压力引起的。不过我今天要扯得更远一点，因为我们已经被贪婪而又过度膨胀的医疗体系牵引进了某个圈套，我们被告知疾病是不可避免的。我并非想打击医生、护士或者医疗系统里的其他从业人员，他们中99.9%的人皆满怀爱心和责任感。他们只是和我们一样，被蒙在鼓里而已。

我所要说的是：我们的错误意识导致了严重的"思维故障"。我们不是将疾病看成一个需要改善的问题，而是将生病当作生活本身。我们都接受了那个武断的说法，认为疾病不可避免，是自然现象，我们多数人甚至从未想过会一直活得完美、健康。

很久以前，我们的大脑就"设定"了这种错误观念。一个人一旦想到自己不能做什么（比如说疏通动脉），这种想法马上就会被传递给大脑，然后大脑又把这个指令传输给身体的肌肉。我们意识中的"病毒"

限制了我们自身能力的发挥，禁锢了我们内在的聪明才智。

我们以为身体的退化是不可避免的，这种看法似乎无可置疑，我们长期以来一直对此信以为真。亚历克西斯·卡雷尔，法国内科医生、诺贝尔奖获得者，曾经演示过人体的细胞可以永远存活下去，他的研究证明："说细胞一定会老化毫无道理可言，它永远也不会老化。"

"我们所接受的教育都是说自己能力不足且孤陋寡闻。"迈尔·施奈德曾自己治好了失明，他解释说，"但这种观点不是真的，我们自身拥有我们所需要知道的一切！"

迈尔·施奈德1954年出生于乌克兰的利沃夫，刚出生就斜视，还患有青光眼、散光、眼球震颤以及其他一些我们很难叫出名来的疾病。他的白内障非常严重，因而在7岁之前，他就接受了五次重大的手术。最后一次手术时，他的眼球严重受损，等他上到二年级的时候，就被正式宣布失明，而那就是现代医学所能做的全部了。

迈尔·施奈德长到17岁的时候，遇见了一个名叫伊萨克的男孩。这个只比他小一岁的男孩的说法和所有诊室医生及外科大夫的说法截然相悖。他鼓足勇气告诉施奈德："如果你愿意，你可以通过训练让自己重见光明！"

之前从未有一个人怀抱如此坚定的信念，施奈德之前听闻的都是："你这个看不见世界的小可怜！"

迈尔·施奈德的家人十分善良，但也并未给予鼓励，只是婉言相劝。"好吧，你可以试试。"他们说，"但是别忘了，你是一个小盲孩！"不到一年时间，施奈德就能模糊地看到一些东西了，和伊萨克的预言完全一样—— 一开始他看得并非很清楚，但已足够让人相信这个16岁的男孩远比判决施奈德失明且不可治愈的医生们知道的更多。

最终，施奈德的视力恢复到可以阅读、行走、跑步甚至驾驶的程度。今天，他很自豪地拥有了一张加利福尼亚州的驾照，而且还经营着一家自我康复中心。

"失明的人，"他说，"会越来越失明，因为他们不再期待能看到光明，他们被抛进漆黑的深谷里去了！"

还有，他不能理解的是，为什么一个积极乐观的"信念"对大多数人而言却是天方夜谭！

当芭芭拉·斯特赖桑德还是布鲁克林的一个小姑娘的时候，她就深深地爱上了电影，她一心一意要成为一个光彩照人的电影明星。不幸的是，她那守寡的母亲一贫如洗，而芭芭拉也不像格蕾丝·凯利那般出众。任何一个职业规划师都会劝她重新确立奋斗目标："亲爱的，别忘了，你的鼻子长得不够周正。还有，我该怎么说得更委婉一点呢，你想要当演员就跟卡里姆·阿卜杜-贾巴尔[1]想当赛马师一样艰难。"

然而芭芭拉的意念是如此强烈，我猜她启动了唯一可以动用的通道来改善她的境遇——她向人们展示了她那无与伦比的嗓音，这嗓音将她送进了百老汇的演艺界，最后又成功地带她走上了银幕。

你完全可以翻翻眼珠，骂我是骗子，但事实不言自明：芭芭拉家族里没有一个人会唱歌，没有一个人有任何的音乐天赋！

---

[1] 篮球运动员。

物质并不能控制你，而是你控制着物质

"我们总是情愿被毁，而不愿意自己去改变；我们宁愿在恐惧中死去，却不愿意跨越过去，让我们的幻觉消亡。"

——W. H. 奥登，美国籍英国诗人

特里·麦克布赖德22岁那年在建筑工地干活的时候，背部的椎间盘突然断裂。在接受了整骨、脊椎按摩及肌肉放松治疗一年无果之后，他决定接受外科整形大夫的建议，接受脊椎熔合手术。

"他们告诉我必须在医院待上两周，然后回家再待上两周，这样持续治疗6个月后，我就能彻底痊愈！"在后来的一次演讲中，我听到麦克布赖德这么说。

手术之后的第三天，麦克布赖德严重高烧，他再次被送进医院，医生发现他在手术过程中感染了大肠杆菌！在接下来的一年中，他接受了8次手术，企图摆脱不停蔓延的感染。在第五次手术时，他被转送到了华盛顿大学的教学医院。在那里，如他所言："我成了一个名人，因为我的骨髓炎的严重程度前所未有！"

在接受又一次手术的前一晚，手术小组的医生们走进他的病房，脸色沉重。他们已经仔细检查过他拍过的10张X光片，上面清楚地显示感染的已经不只是他的脊椎，而且已经蔓延到了骨盆、腹腔以及双腿。为了彻底摆脱感染，他们表示不得不把他的身体从头到尾全部切开，并保

证术后能彻底清除感染，但是他的右腿将无法保全！

"现在，我已经领悟伟大的'哲人'约翰·韦恩在电影中的表现了——当有人告诉他，他们不得不切掉他的一条腿时，他说：'没关系，放手去做吧！'"麦克布赖德指出。然而医生继续说，他的感染如果继续发展，他将有可能同时失去左脚，细菌会继续入侵他的肠道和胆囊，他也最终可能会变得性无能。

"说实话，"麦克布赖德说道，"这正是他们的错误所在。"

"当我降生到这个星球的时候，我是一个很快乐的小男孩，我喜欢我自己。然而没过多久，那些权威人士就告诉我，他们对我的了解远远超过我自己。很快我就被教会的老师评判我在学校的表现是好是坏，要由教练来判定我有无运动天赋，我早早地就被教育要从外界去了解我是什么样的一个人！"

"放到现在的话，我很可能会尖叫着跑开。"麦克布赖德继续道，"但是，当听到医生说我再也无法完完整整地从手术台上下来的时候，我当时就做出决定：任何人都不能告诉我我是谁！那个特别的晚上，我在内心做出了决定：任你是谁，哪怕你是一个声名远扬的医生，也不能决定我的命运！"

那天晚上，他的生命发生了翻天覆地的变化。已经学过一些精神原则的麦克布赖德面对着一屋子的人（治疗小组的五个医生、他的妻子和才两岁大的女儿）宣布，在我们所处的宇宙中，有一股强大的力量存在，他将求助其维持他作为一个完整自由的人的权利！

当他开始这么说的时候，旁边的人都无奈地回应道："好吧，坚持你的梦想！"在经历了10次手术之后，人们开始劝他要"面对现实"，劝他别再固执己见，不要再坚持他那卑微的自我！

"我们说的'固执己见，卑微自我'是在一个人不受病痛折磨的情况下，拥有一条健康的脊柱，能让他将他的女儿举起的健康身体，能够无须塑料腿的帮助走进浴室！"他继续说道，"有人甚至说，可能上天就不想让我拥有一个正常人的健康生活！"

"即便这是上天的安排，我也无法接受做了18次手术的事实！4次5次足矣，但绝不是18次。"麦克布赖德解释说。

他被安排去见医院里的心理医生，医生安顿他坐下来后说："亲爱的孩子，我们不能再盲目乐观了。你以为作为一个男人，绝对有能力站在这个世界上，像你的父亲一样奋力作战，但是现在你得做出让步和配合，接受你将坐在轮椅上度过余生的现实！"

心理医生给他看医生所做的诊断，上面清楚地写着："特里·麦克布赖德的病无法治愈，他将不得不在更多的手术和永久残疾中度过余生。"

"这不是我的病历！"麦克布赖德坚持道，"我也不再是过去的我，我知道我身体中蕴含着一股强大的能量，我置身于一个精神的宇宙之中，精神原则会支撑我获得解放！"

"如果你的身体真的有自愈力，不是早就该好起来了吗？"心理医生质问道。

然而麦克布赖德决不放弃，在接下来的11年里，他又接受了30次大手术，甚至不得不戴上肛门袋，但是自始至终，他都坚信自己能康复，一定能保住完整的身体!

最终,他也以一个完完整整、健康魁梧的年轻人的样子走出了医院,他所花费的治疗时间,长得足以让我们大多数人放弃希望。现在,他经常周游各地,给人们讲述精神之光!

就像他所说的:"我们已经自由了,即使在疾病之中,如果我们选择了恢复健康的信念,宇宙就能听到我们所下的'订单',会用无穷无尽的力量支持我们。与此同理,我们也可以选择爱的信念、快乐的信念、和平的信念!到了该宣称我们和宇宙共为一体,勇敢踏入生活的河流的时候了!你就是宇宙的一部分,这一真理将让你彻底获得自由!"

实验方法 ━━━

"一旦你选择相信,内在的潜力将无穷无尽!"

——赛斯(珍·罗伯兹的精神之师)

我们将做一个在小学就做过的实验来观察意念对物质的影响——观察绿豆发芽的实验。劳瑞·杜西博士曾经在六七本关于祈祷的书中,不厌其烦地详细描述了一些医学实验,实验证明,我们的意念能够影响任何一种具体物质的发展结果,无论是黑麦种子还是身患乳腺癌的妇女。

但是，因为我们只是初学者，我们就还是从简单的绿豆实验开始吧！

需要的设备：

放鸡蛋的硬纸板盒

盆栽土

绿豆种子

实验步骤：在12格装鸡蛋的纸板盒的每个格子里种两颗绿豆，将纸板盒放到靠窗的位置；每隔两天给它浇浇水，并要有意识地祈祷：以我固有的内在能量，我要求栽在纸板盒左边的绿豆要比右边的长得快！

在接下来的7天里，认真记录你的观察结果，看看一周结束时，意念所产生的结果是否显现。

同时，你还可以做一个被科学家称为"应用运动学"的实验。它听起来似乎很复杂，实际上却很简单，只是验证你的身体对大声说出的负面和正面评价的反应而已！约翰·古德哈特博士在他60多岁的时候，最早尝试了这一实验，他发现当一个人的身体暴露在一些有害物质中的时候，肌肉会逐渐变得松弛无力；可是，如果置身于一些具有疗愈作用的乐观的环境中，肌肉就会变得强健起来。在接下来的十年中，约翰·古德哈特博士进一步发现了肌肉在情绪和思维刺激下的一些反应。

用你双手的大拇指捏住中指，各自形成一个圆环。现在，把两个圆环互相套起来，然后用右手的圆环使劲拉左手的圆环，用的力度大到并不足以使圆环断开，然后仔细体会手指上的感觉。

现在大声说出你自己的名字："我是……"同时，双手的圆环用力均衡地互相拉拽。我猜，因为你并没有就自己的名字撒个小谎，所以这个表述可外现为双手的圆环仍旧稳稳地、紧紧地套在一起。

现在换个说法："我是茱莉娅·罗伯茨。"即使你用的力度和之前一样，你也会发现圆环断开了！

再尝试这么几个真真假假的说法，直到你发现了一个标准：如果圆环紧紧相扣，说明它对你的说法给出了肯定的回应；如果右手的圆环使左手的圆环断开了，说明它给出的答案是负面的！

这个实验不仅给你提供了一个有效的工具来听听看身体的建议，还可以测试你的身体对不同的语言表述的反应，如：

我是一个大蠢蛋。

我是一个充满爱心的人，热情、平和，而且幸福。

我讨厌我的身体。

我强健有力。

实验报告单

名称： 超级英雄原则

理论： 你的思想和意识，影响着所有的物质。

问题： 我真的能用我的意念影响物质世界吗？

假设： 如果把自己的意念全神贯注于一排绿豆种子，我可以让它们更快地发芽。

所需时间： 7天

今天的日期： _____年___月___日   **时间：** _____

方法： 我将内在的意念放在这一排绿豆种子上，我给它们以积极的振动频率，希望我的能量能对它们有所影响。

研究笔记： _____

_____

_____

"人们应该意识到：思想远比基因更重要，因为我们的思想影响着我们的环境，而环境控制着我们的基因。"

——布鲁斯·利普顿博士，美国细胞生物学家

能量

9个能量场实验
激活不可思议人生

E-Squared

Nine Do-It-Yourself
Energy Experiments That
Prove Your Thoughts
Create Your Reality

意念 "共舞" 原则

实验七

你的思想和意识，将会为你的物质之身搭建好构架

"你的身体只是你对这个世界的看法的生动表现而已！"

——卡尔·弗雷德里克

实验前提 ────

你所处的环境可回应你的所思所想。为了用一个便于观察的实验来加以证明，你需要启用卫生间里的体重计。是的，这一次实验，你得把你的身体奉献给科学研究，但是别担心，只需三天时间，最终的实验结果将是至少90%的人（根据康奈尔大学的一项研究统计显示）都竭尽全力想要得到的：减肥！当然对于那两三个希望能增加体重的"魔鬼"来说，你得到的结果将会是健康和活力的提升。

你所吃的食物，就像这个世界上的一切事物一样，都充溢着满满的能量。当你以接受的态度而不是很多人疯狂减肥的时候都持的反对的态度面对它们时，你无须任何改变，就能轻易减掉一磅或两磅体重。

想象一下：食物提供给你的能量，会受到你的语言和思想的影响。放在你的晚餐盘里的东西，不仅仅是一堆静止不动的食物，而是已经感知了你的每一个念头和想法的动态能量。虽然营养学家无法量化你到底有多想吃它们，他们却能具体量化那一罐头猪肉和豆子以及那一包空心粉对你的健康意味着什么。你的思想的能量已经随着那些钙质和维生素D被你消化吸收了。

如果你从未经历过这些，那就去找汤姆·沙迪亚克的纪录片《我是》看看。这是一部有趣的纪录片，请你特别留意其中的一个场景：沙迪亚克，这个好莱坞的著名导演，去参观HeartMath研究所—— 一个研究压力和人的能量的非营利性机构。研究所的常驻主管罗林·麦克拉提曾把一碗酸奶通上电。

尽管我们都以为酸奶只是一堆凝结的奶液，但是麦克拉提用电极显示酸奶会回应沙迪亚克的思想和感情。当被问及他较早的一段婚姻时，电子生物反应仪上的指针疯狂地震颤起来；然后，他谈及他的律师，确认和他之间还有一段未了的恩怨时，指针却脱离了指示表。酸奶并没有和沙迪亚克连接，却能读出他的感受。当他的念头回到当下，回到这间屋子的时候，指针也神奇地恢复了平静。

"我们并不能确切地知道这一切是如何发生的，但是我们拥有不可辩驳的证据显示，人类的感情可以制造出某种真切存在的能量场，而这个能量场还能和其他的生物系统之间产生协调互动。"麦克拉提说道。

因此回想一下，到底有多少次，你说过或者想过如下的念头？

我要减肥真是太难了！

我只是看了眼那块巧克力，然后我的体重就增加了！

我的新陈代谢太慢了。

这样的念头不仅使你感觉自己像一个重新热过的热狗，同时也从根本上影响了你的身体以及你摄入的东西。

在20世纪60年代，克里夫·巴克斯特，一名美国中央情报局前特工，在头版头条上刊登了他的发现：植物可以感知人类的意念！1966年，巴克斯特从中央情报局退休后，创办了迄今仍被认为是世界上规模最大的测谎中心。有一天晚上，当他静坐在他纽约的办公室里时，他决定把电流计和一株室内植物连接起来看看。本来这只是他消磨时间的无聊之举，他却发现：秘书买来装饰办公室的龙血树不仅仅对物理伤害

（他把龙血树的叶子浸泡进滚烫的咖啡中，又用火柴去烧叶子）反应激烈，而且也对他的思想和意念有所反应。他感到很震惊，恨不得"跑到街头去向世界大喊'植物也有思想'"。后来，他展开了深入细致的研究，探索植物如何回应他的思想。

他采用高精密的测谎仪进行实验，最终成功地证明，植物——所有的植物——都会回应人类的思想和念头。他实验了几十种不同的植物，包括我们人类日常饮食中常吃的各种植物。他发现：植物可以对人类听不到的声音做出反应，同时，也能感受到人眼看不到的红外线和紫外线。

维也纳生物学家拉乌尔·弗朗斯（1943年去世），在这些精密仪器发明之前，就曾断言：植物一直都在观察和记录各种事件和现象，而我们人类，因为受制于"人类中心主义世界观"而对此一无所知。

那么，这一切和我们浴室里的体重计到底有何关系？要知道，我们人类每年消耗掉数以吨计的食物，其中大多来自植物。当然了，它们经常被加工处理得让我们认不出其本来面目，但它们起初都是些鲜活的、感知灵敏的植物。其余的食物则是来自动物——事实上，动物的能量也大部分源于植物。因此，几乎所有维持我们生命的食物、饮料、酒水以及药品都来源于植物。

现在你明白我的意思了吗？

无论你如何看待自己和自己的身体，你的健康都取决于所吃的食物。因此，用宗教狂般的态度细数自己所摄入的卡路里和脂肪量，可能才是阻拦你保持理想体重和身材的最大障碍！

食物战争

"一个人越热衷于减肥，就越难减掉自己的体重！"

——奥古斯滕·伯勒斯，美国作家

　　节食是减肥大敌，它会让你变得偏执、疯狂以及更肥胖。我们无须让一个火箭科学家来指出节食减肥的无力，可明知这种做法就跟吸吮下水道的淤泥般无用，为何我们总在节食减肥的名义下，坚持让自己受罪，以此剥夺生活的乐趣呢？想象一个这样的画面：你去找老板领工资，他却说"抱歉，我们已经付不起你的工资了"，你还会继续在这里干下去吗？日复一日地等待着他某一天大发慈悲？其实"节食"（diet）这个单词的拼写本身就给了我们警示：谁愿意去做一件事情，明知道自己会因此而死（die）？

　　一言以蔽之，我们大多数人对所吃的食物都有一种复杂的情结。看看我们年消费600亿美元的节食减肥业吧。我们不去好好享受那些食物给予的使我们生机勃勃的营养，却总是害怕它们、排斥它们，看着镜子里的自己，责怪那些食物是害自己发胖的罪魁祸首。你会不会想到"爱恨交加"这个词？

　　要是你总对自己心怀不满，总想花时间去减肥的话，你所得到的只有：负面情绪以及"想要减肥的念头"。

　　这种想法常常适得其反，但是它紧紧维系着你和你所"寄居"的这个身体。你的身体是你信仰系统的晴雨表，你身体里的细胞能听到你所言所想的一切。如果你对自己有点胖的前臂颇有微词，又不停地抱怨你腰部的"游泳圈"的话，你已然把这种思想嵌入了你的肌肉、你的内脏，以及你身体里的每一个组织。

听起来可能让人惊讶——特别是当你在清醒的时候，花费了大量时间默默抱怨你那丑陋的、赘肉紧裹的躯体——但实际上，你的身体机能是正常而健康的。身体可以自愈和自我调整，当你近乎疯狂地关注和清点着你摄入的卡路里的时候，你已经拒绝了身体的自我改变能力。

"能量"证据

"我们的身体是一个行走着的晶体，体内储存着大量的电磁能量，我们可以接受、转换，然后储存这些电磁能量。"

——诺曼·希利博士，美国神经外科及内科全面研究专家

艾伦·芬格，现在是一位著名的瑜伽教练，在他十几岁的时候，他一口气减掉了100磅——你没惊得跳起来吧？——是的，而且是在一个月内减掉的。

艾伦的父亲——马尼·芬格从印度学习归来，带回一套强大的瑜伽

呼吸方法，他将其传授给了严重发胖的儿子。

在采用了这种瑜伽呼吸方法一个月之后，艾伦成功地减掉100磅，该方法被认为是一套驱动能量运动的强有力的工具。

我知道你心里在想什么：那是不可能的，绝不可能做到！

事实上，就是你这种故步自封的想法，阻碍了你的进步！为了改变你的能量场，你必须先改变自己的思维习惯。"不可能"这个词，不能再出现在你的言语系统里。

在短短的一个月内，艾伦·芬格减掉了100磅（你可以在《呼吸宇宙》这本书里读到这个案例，它是艾伦·芬格和他的一个瑜伽教练同事卡特里娜·雷普卡合著的），让你相信此事并非不可能。

同时，我还强烈推荐你阅读《信念的力量》这本书，它由曾在斯坦福大学任教的一名细胞生物学家布鲁斯·利普顿撰写。他的发现令我们很多人大跌眼镜，那就是：能量和思想对我们身体的影响，远大于我们的遗传基因。

利普顿在书中讲述了一个关于一群膝盖受伤的病人的匪夷所思的故事。第一组病人接受了复杂的膝盖修复手术；第二组病人以为自己也接受了膝盖修复手术，但实际上，为了研究，医生只切开了第二组病人的膝盖，并没有做真正的手术，也就是说，他们的膝盖并没有发生任何改变。结果却是：两组病人的病情都得到了改善，很快他们都能下地行走，回到篮球场上，去做膝盖受伤前能做的一切。

可见，安慰剂具有强大的疗效；而你也应意识到积极心态所能产生的巨大效果。现在，你需要把自己看成一个匀称的、优雅的人，任何负面看法都应该被隔绝！还记得我们在实验四里一再强调的，在你的生活中，"凡是你全神贯注想要的东西，就一定会膨胀显形"吗？如果你总想着自己很胖，想要减肥，那么，那种"现实"将会在你的人生中持续"膨胀"下去。

实验方法

> "生活本身就是一场狂欢！"
>
> ——茱莉亚·查尔德，美国作家、大厨以及电视名人

在这个实验中，你要放弃以前对自己所吃的食物的排斥心理。你要想：你所咽下去的每一口食物，都是你最好的朋友，或者至少是一个提供全面营养的老熟人。

能量工作者托马斯·汉娜曾说过，当我们看着一个人的身体时，其实是在观察那个人的思维运作模式。让我们发胖的，不是那让人无法抵制诱惑的香蕉奶油馅饼，而是我们自己内在的信念。

在这个实验中，作为一个初学者，你要做的只是克制对自己的身体做出任何负面评价。这可能会很艰难，每一次当你要说出冷嘲热讽的话时，请马上反过来——虽然声音不用很大，但至少要让自己听见。比如

说，当你的朋友打电话过来，你本不假思索地要说："昨天看电影时我吃了一大包的黄油爆米花，肯定又要加重8磅了！"你得迅速叫停这种说法，转而说："好吧，在安东尼奥·班德拉斯脱掉他的衬衫前，我已经吃掉了半袋爆米花，不过我觉得现在自己看起来更苗条了。"（你无须谦虚，哪怕承认自己是个绝世佳人也没关系！）

每一种食物都充满了能量符咒，所以我们吃的当下应该是完完全全享受的积极心态。因为已经偏离航线太远，所以这个实验对我们很多人来说，是相当艰难的。

因为在吃东西时总有负罪感，这已经是一个根深蒂固的习惯了，所以改变这种想法很可能会让你感觉非常不自然。你或许需要一些练习，一旦你觉察旧的思维模式再次浮出水面时，比如说你发现自己又开始计算消耗掉多少卡路里和脂肪，就得赶紧重复这个实验。这也是其他实验只需48个小时，而这个实验得花上72小时的原因！

我们想要证明的是：你的思想和能量是与周围的世界"共舞"的。

还记得那些在饭前祈祷的人吗？我的家人一直坚持着这一习惯，甚至在餐馆里也是。我上中学的时候，家人的这种习惯总让我感觉很丢脸，但如今我知道这些祈祷赋予了食物积极的能量和美好的感受——尽管我们当时并未意识到这一点。可喜的是，我们家族中没有一个人超重。

因此在这个实验中，你需要做如下事情：

1. 禁止你用语言"打击"自己的身体，如果可能的话，克制所有类型的负面思维；

2. 在你把任何东西送进自己的身体之前，先给它注入你的爱意，把你的手放在上面，给它祝福；

3. 集中注意力，给你的食物注入爱、喜乐、平和。

就这些了，在你开始实验的第一天，称一下你自己的体重，三天之后再称一次。

实验报告单

名称： 意念"共舞"原则

理论： 你的思想和意识，将会为你的物质之身搭建好构架。

问题： 我的思想真的能影响周遭的事物吗——比如说，能影响到我摄入体内的食物吗？

假设： 如果我的思想和意识始终在与周遭的环境"共舞"，我所摄入的食物肯定会被
我的思想所影响。我只要通过改变对食物的看法和说法，就会变得更健康。

需要时间： 72小时

今天的日期： _____年___月___日

       实验第一天早上所称的体重：_____

       实验第三天早上所称的体重：_____

方法： 无须改变你的食谱。事实上，在这个实验期间，你吃什么都不重要。不过，在
接下来的三天中，无论是清早简单煎煮的鸡蛋，还是下午茶时间某个同事的一
块生日蛋糕，在你吞咽之前，你都要有意识地、刻意地给这些食物注入积极
的、充满爱意的想法，感谢它们给你提供了营养，期望它们能让你的身体更加
健康。

研究笔记： _____

             _____

             _____

"你用你的意念创造出了自己的美丽！"

——奥古斯滕·伯勒斯，美国作家

能量

9个能量场实验
激活不可思议人生

E-Squared

Nine Do-It-Yourself
Energy Experiments That
Prove Your Thoughts
Create Your Reality

101条斑点狗原则

实验八

你和世间的万事万物都息息相通

"我是，因为我们都是！"

——南非哲学信条

实验前提 ──────

　　在这一实验中，你要证明的是：通过一个"看不见的"智能场和能量场，你与世间的万事万物都紧密相联。用量子物理学的术语来定义，这种网格式的联系被称为"非定域性"。

　　尽管"非定域性"和"纠缠性"都是量子体系里的重要概念，但在过去的300年里，从牛顿爵士开始，一直都令科学家们头痛不已，就连牛顿都认为"超距作用"是滑稽可笑的（尽管他的重力理论催生了这一现象）。简单来说，"非定域性"指的就是两个粒子在毫无中介连接的情况下同时行动。

　　从表面上看，这是毫无逻辑道理的，对不对？假如你要把放在地板正中间的那只孤零零的鞋子挪走，你就得去提起它或者是用笤帚扫它，抑或喝令你5岁的儿子去把它放好。那鞋子可是他自己扔在那儿的，而为了使唤他，你需要把你的要求通过空气的振动传进他的耳膜里。只有在一定的距离范围内，一个人才能影响到另外一个人。一切都应该是有先后顺序的连锁反应。我们也一直认为，我们只能改变我们能触碰到的东西。

　　然而，事实不仅仅如此。我们现在已然拥有一个明确无误的模型，可以清楚地证明：某个物体，尽管远离第二个物体，却可以影响到它。不幸的是，我们大多数人都依旧信奉陈旧的"连锁反应"的世界观，尽管物理学家们已经一而再再而三地证明：只要一个原子和另外一个原子近似，不管它们相距多远，两者之间都会互相影响（或者说是纠缠）。即使是爱因斯坦本人，也无法完全接受这一违反直觉的理念！而更令人难解的是：一旦两个原子之间产生联系，它们之间的纠缠将会永远持续下去。

我们甚至已经证明"非定域性"和"纠缠性"在比原子更大的物质，如人类身上，也同样适用。1978年，墨西哥国立自治大学的哈科沃·格林伯格–济尔布波姆博士将两个接受实验的人安置在两个独立的房间，给两人分别连接上脑电图扫描仪（此实验后来又被伦敦神经心理学家彼得·芬威克重新做过）。他发现，当一个受试对象的脑电波因为一系列频闪光线射进双眼而引起波动时，另外一个受试对象的脑电波也清楚无误地显示出此种波动，而实际上，这个受试者根本没看到频闪光线。

对于我们这些接受牛顿理论的人来说，"非定域性"实在是逻辑不通，但这并不妨碍我们充分利用此概念的好处。就像我们的电脑通过互联网和无限量的信息相通一样，我们作为一个独立的个体，也和这个世界上的所有人都紧密相联！

有时候，当我想和远在地球另一端的某个人交流时，我会悄悄跟我家前院的那棵巨大的橡树倾诉。毋庸置疑，树木就像电影《101条斑点狗》里的狗一样，息息相通。因此，借助"非定域性"原则，我家院子里的橡树能够轻易地把我要传递的信息传达给远在加利福尼亚州的我朋友家的那棵李子树。

在这个实验中，你将要借助"非定域性"原则给你远方的某个朋友，某个你见不到也没法电话联系的朋友传递信息。

感受的同步性

"这种感受的同步性都是关于爱、关于我们人类之间是如何息息相通的！"

——马克·沃尔伯格，美国著名演员

我女儿刚上初中的时候，喜欢用同一个答案"222"来回答各种问题。如果有人问她几点钟了，尽管明明是5：43，她都会回答说是2：22；如果有人问她学校餐厅里一盒牛奶卖多少钱，她也会回答说2.22美元。她的朋友们总是嘲笑她的这个习惯，并且开始在每天下午2：22的时候给她打电话；她自己甚至在"脸书"上申请了一个账号，名字就叫作"精彩神奇的222"。我前面已经说过，当时她刚上初中，那年夏天，我们出去旅行了两次，而这两次旅行之中，尽管我自己从未刻意预订或计划过，我们住的酒店房间号都是222：一次是我们找不到去朱诺的路而不得不留宿西雅图的一家酒店；一次是在伦敦的朗廷酒店，正对着BBC总部。

瑞士心理学家卡尔·荣格将这类事件叫作"共时性原理"：两种意味深长却并非会偶然相联的事件同时发生。很多人都把这类巧合当作异常现象，认为是由随机事件引起的，甚至还争论说此类事件是不可避免的，因为发生在A栏里的某件事一定会和发生在B栏里的某件事配对。

在这个实验中，你将允许自己去期许此类"共时性事件"，但是要确定此类事件并非是因为普通的概率论或者某种错觉而发生的。

事实上，在《普罗米修斯的飞跃》一书中，作者罗伯特·安东·威尔逊声称："冥思这类事件会启动荣格共时性原则！"看看你在读了本章之后，需要多久能出现一次神奇的偶遇。如果你遇见了某件神奇的事，请将你的故事上传到我的网站www.pamgrout.com上。

威尔逊总爱指出：这个宇宙并非是按照人类的规则搭建的。现在，让我们请他来解释一下"非定域性原则"吧。这一原则是由理论学家约翰·S. 贝尔在20世纪60年代提出的。贝尔的这一著名原则引发的具体实验，已经令人信服地证明了这个世界的非定域性量子本质：

"贝尔的理论是非常专业的，用我们平常人的语言来解释是这样子的：在这个世界上，没有完全孤立的个体；宇宙间的每一个粒子都可以'瞬间'（比光速还快）与其他粒子进行交流。整个体系是一体化的，即使是被这个浩瀚宇宙的遥远距离分割开来的不同部分，也是在一个统一的体系内运转的。"

在这一实验之后，你会发现，"共时性"其实就是世间万物紧密相联的实验证据，而不仅仅是我们普通人感叹一声"哇，真巧啊！"，然后耸耸肩就忽略掉的普遍现象。

所有和爱毫无关联的事情，都只是镜花水月

"我们可以随意将其切片切块，但我们没法别过脸去，假装看不见这些证据。"

——劳瑞·杜西，美国心理学家、医学博士、作家

1972年，在美国科学促进会的一次年会上，一位名叫爱德华·洛伦斯的气象学家将他所发明的一个最新术语"蝴蝶效应"带进了美国学术界。根据他的观察，即便是很小很小的事件，诸如巴西的一只蝴蝶轻轻地扇动一下翅膀，就有可能引起得克萨斯州的一场飓风。换句话说，一些细微的甚至难以察觉到的小事，最终能引发巨大的、严重的后果。

这个实验最酷的地方在于：你可以借此机会给人生带来更多的爱！你可以借此点亮世界！当你对某个人产生了某种正向的好感时，这种感觉就能点燃他的能量场。相应地，当你开始评判某个人的时候，即使你是在心里暗自嘀咕，也会波及他的能量场，降低你们之间沟通的质量。要提升你的生活质量，你可以给生活中接触的人以更多的爱和关怀，用平和的心境或者其他高频的情绪去"关照"他们。

就像在《奇迹课程》里所说的："无论你的兄弟身处何处，关于他的每一个积极的情绪，都会让你自身受益！"

有一个故事是关于一名美国抗议者的。他来到美国军事学院门口静

静地站立，以抗议美国警察的强权行为。有人问他："你手拿一根小小的蜡烛站在这里，对美国政府又能有何影响呢？这几十年来，它一直都在我行我素！"

他回答说："我不担心自己无法改变它，只是不想我的国家改变我！"

你对别人的看法也会改变你自己。

这个"我们——他们"的世界，真的如这个能量原则所强调的都是一个统一体吗？

事实上，是的！万事万物都是一体的。每一次，当我们对别人心怀恶意的时候，我们也把自己钉上了十字架，我们都是在自作自受。

万事万物之间的差别，尽管被我们自己放大了无数倍，其实都只是肤浅而毫无意义的。现在更该放弃这种差别意识。

当你遇见某个人的时候，记住，任何一次相遇都是神圣的。因为你会在他身上看见你自己；你怎么待他，就是怎么待你自己；你怎么评价他，就等于你怎么评价你自己。

只需要心怀善意地去想某个人，你就可以改变你和他之间的关系！

"能量" 证据 ———

"无论我们想得到什么，不管我们是一只蜜蜂，还是一棵美国黄松，或者是一条北美土狼、一个人、一颗星，我们都应该去爱和被爱，都应该被接受、被珍重，应该就只因为我们是自己而被祝福。"

——德里克·詹森，美国作家、环保活动家

我有一个朋友，我经常叫她金杰，但那并不是她的真名。好多年以来，她和母亲的关系一直很僵。后来，有一天晚上临睡前她决定要为母亲祈祷。她母亲当然对此一无所知。一直到现在，金杰都没告诉过她母亲——曾经连续6个月，每晚她都会花几分钟去想象她和母亲之间出现她一直渴盼的那种温馨画面，然后想象自己为此而感到幸福。

"说实话，我真不知道这一切是如何发生的，但我们之间的关系的确改变了许多。现在，我们已经是最好的朋友了。"金杰说。

更多"能量"证据

"成为你自己的内在的哥伦布，去发现你内心的新大陆。开创新的通道，不是为了贸易，而是为了思想的畅通！"

——亨利·戴维·梭罗，美国作家、思想家

畅销书作家玛莎·贝克曾经和我们多数人一样，和蔼可亲，温柔可信，但也没想过自己有一天会走上极端。要知道，她可是一名科学家，一名拥有"哈佛血统"的社会学家。而她秉持的人生哲学是：人们都还不错，可我们就是不想太过亲近。特别是，如果你正在哈佛学习，还想要再拿一个学位的话，你最好和所有的人都保持一个适当的距离。

正如她在那本精彩绝伦的书《期待亚当》中描述过的："我们像伊丽莎白女王一样到处走动，我们死死抓紧自己那俗气的配饰，小心翼翼地控制着自己的不当行为，从来不敢展示我们的真实感受，不敢去触碰任何人，除非戴着手套。"

然而命运狠狠地推了玛莎·贝克一把，给了她一个患有唐氏综合征的儿子（亚当），他让她意识到，一直以来，她对世界的理解都是错的，特别是关于不能信任他人的想法。当玛莎刚怀上亚当的时候，她的丈夫——也是一名哈佛毕业生，经常要去亚洲出差，她一个人被留在家中，一面应付艰难的学业，一面还得照顾他们两岁的女儿以及肚子里才怀上的小生命。火灾、随时都可能发生的流产，还有种种痛苦的孕期反应，这一切几乎要把她逼得崩溃了。

正如她自己所说："我感觉就像一车沙石全部压在我身上了！"

但是每一次濒临崩溃时，总有一位"天使"或者一个她几乎不认识的人出现，给她带来安慰、食物或者其他帮助。请注意，这个女人已经濒临绝望了，她只想熬过这个阶段。很久以来，她因深受教育的影响而相信："要坚决遵守那古老的、有效的哲学逻辑——除非某件事被证明是真实的，否则就不要去轻信！"

然而有一天早上，当她饿得快晕过去的时候，一个她并不认识的女人提着一堆食物出现在她家门廊上。一股不知哪儿来的无形力量牵引她和女儿逃出了浓烟滚滚的公寓，逃出了那被烧毁的屋子。而身在波士顿的她居然和在香港的丈夫通上了话，还见上了面。不，我指的是在没有电话协助的情况下。

她后来意识到："尽管在这个并非很完美、很舒适的星球上，一切都很艰难，但是，母爱之光处处可见。你随时都可以看见它，只要你足够聪明，就知道去哪里寻找这种爱。"就算你不是很聪明，它也会出现——只要你是真的需要！

贝克说："我必须抛弃我所有的悲伤、恐惧、偏见，抛弃所有阻碍我的意识和我的真实内在需求进行沟通的谎言……因为一系列确凿的事实，我已经拓宽了我的现实空间，将它从一个如剃刀般坚硬的、冰冷的狭小范围扩充到一个拥有无限可能的浩瀚空间。"

实验方法 ━━━━━

"现在感觉好像是个悖论的量子理论，对我们孩子的孩子来说，将只是一个最普通的常识而已！"

——斯蒂芬·霍金，英国理论物理学家

在这一实验中，你将利用这个"非定域性原则"来给某个你认识的人发送一个信息，根据《实用直觉》的作者劳拉·戴的说法，要做到这一点就跟发邮件一般简单。

这个实验的好处就是，你甚至无须离开你那舒适的椅子。你和其他人的沟通其实主要都发生在非物理领域内。你自以为只有自己知道的那些想法，它们并不真的私密。因为我们息息相通，你很可能已经通过某种"内部通话系统"，将那些念头说出去了。更微妙的是，所有人都有可能已经接到了你的信息！

我们所有人都和这个巨大的"数据银行"紧密相联，而在我们所能影响的范围内，会经常和其他人交换能量，而从更小的层面上而言，我们和这个星球上的每个生物都在交换能量。

无须再去做任何心理治疗，只需改变你和自己大脑的对话内容，就可以节省大把的钞票。

然而，当你提出要求时，可得当心一点。桑德拉·雷是"爱的关系培训营"的联合创办人之一，也曾是我的老师，她给我讲过一个和那看不见的"数据银行"进行沟通时发生的故事。她跑去找我的另外一个老师伦纳德·奥尔，想知道为何她的车子在路上总会被剐蹭。他告诉她，要以祈祷的方式确立另一个念头。她笑问："您的意思是，我什么也不用做，只要确立一个念头，比如说接到男人们的电话？"

"当然，"他说，"试试看！"

她便开始给她的FP发出这样一个意念：现在，我想要接到很多男人的电话。接连四天，她所有的前男友都给她打了电话，一些好几个月都没联系，另外一些甚至多年未见。

"这听起来让人难以置信，"她说，"我甚至凌晨都会接到电话，有时是不认识的男人拨错了号。"看来，她得赶紧将自己的意念调整到实用的层面上去了。

下面是具体步骤：

1. 选准你的目标。你当然可以给某个真实存在的人发出信号，我建议你可以选择某个曾见过面的人。布鲁斯·罗森布拉姆——加州大学圣克鲁斯分校的物理学教授曾声称：一旦你见过某个人，和那个人握过手之后，你就和他永远"纠缠不清"了。

2. 选准你想要的回应和答复，越具体越好。对你自己的日程安排要清楚。我最近做的一次实验就是给我的伴侣吉姆发出信息："回家时买一袋面包！"

3. 把你的目标放置于你脑海里的双眼之前。

4. 与你的目标"同在"，要具体化地去体验你和它之间的关联。话语有时并非是传递信息的有效途径，你要启动自己的全部感觉，而且要坚信你的信息能传达给他。

为了让这个实验更有效、更有趣地进行下去，你要经常用各种美好的想象去冲洗你的目标对象，给他们无以复加的美好祝福，想象他们赢得了彩票，想象她们获得了和查宁·塔图姆约会的机会，想象他们赢得了环游世界的大奖。

实验报告单

名称: 101条斑点狗原则

理论: 你和世间的万事万物都息息相通。

问题: 我真的不用见到某个人就能给他传递信息吗?

假设: 在接下来的两天之中,就像有心灵感应般给某个人发出一条具体的信息,我会得到他已经收到我这一消息的证据。

需要时间: 48小时

方法: 好了,能量场,我听见了从电影《阴阳魔界》中传来的旋律,但这一次,我不着急下结论,我要看看它是否来自那神秘的量子物理世界。你怎么看呢?

今天的日期: _____年__月__日　　**时间:** _____

研究笔记: _____

_____

_____

_____

"在我们内心深处,我们所需的唯一勇气就是:要勇敢面对我们所遇见的最奇怪、最独特、最无法解释的各种事情。"

——里尔克,奥地利诗人

能量

9个能量场实验
激活不可思议人生

E-Squared

Nine Do-It-Yourself
Energy Experiments That
Prove Your Thoughts
Create Your Reality

鱼和面包原则

实验九

宇宙是无穷无尽的，是富饶无限的，而且能进行奇特的自我调造

"多数人都只熟悉自己屋子的一角、自己房间窗户上的一个点，自己每天来回走动的那狭窄的一条线。"

——里尔克

奥地利诗人

实验前提 ──────

　　总有人说人生就是一场苦旅，只能以死来终结。这个实验将会消除你对人生的这种误解。我们大多数人，无论承认与否，都觉得生而为人无比艰难。我们以为世间的一切存在，都只有一丁点——不管我们谈论的是金钱、时间，还是电影院里的爆米花。甚至那些车库中停放着玛莎拉蒂的人，都浪费了太多时间想找寻如何得到更多"物质"的方法。

　　为什么？因为他们错误地认为，世间的一切都是有限的。即使是那些亿万富翁，即使是那些拥有各种资源长袖善舞的人，也都生活在这种重压之下，"一切都不够多"！

　　我的一个朋友曾采访过一位富翁，这位富翁的公司一直都很成功，最近又推出了一款新产品。朋友注意到这个富翁对金钱的狂热，就询问他对于这款产品是否有某个预期收益，比如说赚多少美元就能达到"赚够了"的这种期许。这个富翁思索了一下，然后长叹一声道："伙计，要知道，钱是永远也赚不够的！"

　　就像是那个放着音乐抢板凳的游戏，每个人都担心在音乐声停下来的时候，自己会成为那唯一没抢到板凳的人。

　　实际上，我们每个人都富得流油，却都感觉手头拮据，总是提心吊胆地处于全面防备状态。当然，我们自称处于一个物产丰饶的社会当中，这一切却只是一个幻觉、一个诡计而已，因为在很多时候，"一切都不够多"的观念无时无刻不在压迫着我们的神经。我们都忙着玩那个抢板凳游戏，围绕那个虚幻的小圆圈，跑得越来越快、越来越快。而和你所熟悉的这一切完全相反的鱼和面包原则告诉我们：世界是丰盈富足的，一切都取之不尽——你完全可以放松下来。

当耶稣"祈祷"鱼和面包的数量越来越多时，他根本不担心这一点该如何实现。他只是把自己的全部思想汇聚成一束激光——也就是说，他的神圣权利可以催生富足和丰盈。同样地，在这一实验期间，你需要把你的常规思维模式束之高阁，要坚信：哪怕只有极小的可能性，一切都不会是匮乏的，无论对谁来说！

这幅图画有点问题

"如果你说屋子里有妖怪，那就打开灯看看。"

——多萝西·汤普森，美国著名记者、广播主持人

物质匮乏、资源不足是我们所有人的"默认设置"，这一定义了我们人生的设置成了一个不能去质疑的生存条件。"一切都不够多"的信念从每天早上就开始了，当闹铃响起的时候，我们就会诅咒："啊，该死，我还没睡够呢！"

在我们坐起来把双脚塞进兔子拖鞋前，就已经开始抱怨时间太

短了。当我们终于起来之后，又开始抱怨："天，我的洗漱时间又不够了！"

然后，这种状态每况愈下。

我们总是把自己的大把能量浪费在担心和抱怨不足上。时间不够；锻炼不够，摄入的纤维和维生素E也不够；我们的收入不够多；我们的周末不够长；我们太可怜了，不够苗条、不够聪明、教育程度不够高……

我们从来都没有静下心来想想，这种种"不够"的口头禅是否真实。这种观点已经深深地刻入我们脑中，以至于构成了我们"基因"的一部分，让我们戴着"匮乏"的有色眼镜去看待生活中的一切事物。

因此，我们忍受着并不满意的工作；因此，我们维持着糟糕的情侣关系；因此，我们在肚子塞得足够饱后还不停地到自助餐桌边去取食；因此，我们创建了各种体系和机构去控制稀缺的资源。我们如果不是总忧心"匮乏"的话，或许早就可以放松心态，利用现有的条件去发掘可再生的资源，比如说太阳能和风能。事实上，资源永远都不会枯竭！

这种虚构的"不足"迫使我们去做各种荒谬的事，各种违背我们的最高理想的事，各种破坏自然界的事，各种将我们与更高的自我隔离的事。而一旦我们认定自己是"不足的"，内在的所有能量就会被困住，我们只想确保自己不要成为那个唯一的出局者，不要成为将自己的立足之地"拱手与人"的失败者。

然而实情却是这样的：所有的"不足"其实都只是一个巨大的、虚胖的、不幸的谎言，对任何人来说，一切都是够用的，我们生活在一个巨大而又丰盈的宇宙中，只要我们摆脱掉这种毫无事实依据的恐惧，就不用再花费心思去储藏各种资源了（比如你塞满了房间的89双鞋子），我们就能释放自己的能量，确保自己得到真正想要的东西。

美洲土著丘马什人曾经在加利福尼亚州的中部海岸地带生活了几千年，自由自在地享受着丰富而多彩的生活。他们住在屋子密密匝匝的小村庄里，利用周围的各种自然资源来制造小船、箭矢、药品。他们以150多种食物为生，这些食物包括海鲜、蜜瓜和松果。他们用动物皮毛制作毛毯，用贝壳装饰家中的皂石罐，还编出巨大的篮子，这些篮子编织得如此紧密，以至于可以用来盛水。每一天，丘马什人都载歌载舞，一起做游戏，给孩子哼唱摇篮曲，在小村庄里享受着劳作的快乐和清新的空气。

今天，我们将那种生活方式叫作"生存"。我们瞧不起那种生活，觉得那是一种难以为继的生存方式。然而不像我们大多数人，对丘马什人来说，一切都是丰盈富足的，他们不需要太多，也不担心太少，万事万物都恰到好处。最最重要的是，他们拥有足够多的时间去关注他们真正在意的一切——比如真挚的感情、味道鲜美的食物、迷人的艺术、愉悦的游戏、充分的休息。

现在，各种资源都可以供你所用。你无须找一份新工作，或者建立一段新关系、开始一个耗时的瑜伽课程，你只需意识到你要过一种有意义的生活。而最美妙的是，你无须如此卖命地工作了，只要稍微改变，放松自己就好。

"福佑"发生了

"如果那股强大力量不再用来将人们困在某个组织或者某种宗教的食物链上，而是用来提升人类的精神能量的话，会发生什么呢？"

——马克·维森特，《我们到底知道多少？》的导演

其实最主要的是，我们对于对自己的观念的限制并无概念。我们如果知道自己曾无数次否决了这世界的爱意，就会大吃一惊的。

我们的思维如此混乱而深重，以至于没法想象一个从不匮乏的世界，但事实是：我们自己强加给世界短缺的概念，其实这世界什么都不缺！

我们应该暂时停下来，考虑一下自己曾受到多大程度的蒙蔽。

埃克哈特·托利过完29岁生日不久，就患上了严重的焦虑症。他开始有了自杀的念头。他认为自己的生活一团糟。在一个特别的夜晚，他不停地重复："我再也无法忍受我自己了！"突然他又说，"我感觉自己进入了一种虚空状态。"

而当他再次"苏醒"的时候，所感受到的却变成了爱，一种深切的福佑，一种毫无干扰的平和。

他内心深处的伤痛，迫使他的意识撤销他对自己的种种限制。这场撤离非常彻底，此后，他不再被他的自我愚弄。他那闷闷不乐、忧心忡忡的本我，就像是一个被拔掉气门芯的充气娃娃，突然彻底崩溃了。

接下来的两年，除了坐在公园长凳上，静静地享受那无边无际的喜乐之外，他什么也没再做。

或者可以想想拜伦·凯蒂的故事。她是一名加利福尼亚州的房地产经纪人，年近中年，过着普普通通的生活。她曾经历过两次婚姻，有三个孩子，还有一份成功的事业。当她陷入一种深深的绝望之后，她去了一家专门为饮食失调的妇女开办的康复诊所，因为这是她的医保公司唯一能接受的疗养机构。一天晚上，她躺在阁楼的地板上（"我觉得自己都不配在床上睡觉。"），她苏醒过来后，脑海里一片清明，再也没有任何先入为主、怕这怕那的想法了。

"所有那些困扰我的念头，所有的惶恐不安，整个人类世界，都不见了……一切都变得不可辨认……快乐从我的心底深处溢出，不停地漫延……"她在自己的著作《喜悦无处不在》中写道。

她回到家中，坐在窗边，连续几日凝视窗外，心里充盈着幸福的福佑。

"感觉就像是我从内心深处把自己解放了！"她说。

常识的意义

"常识其实就是一个人在18岁之前所获得的各种偏见的集合!"

——阿尔伯特·爱因斯坦,理论物理学家

我和女儿及她的两个朋友一起玩棋牌游戏"线索"。我给每个人分发了侦查笔记本,在那座微缩庄园的小屋子里,放好绳子、铅管,以及其他小武器。

我对扮演"普拉姆教授"的凯莉说:"为什么你不先走呢?"

女孩们目瞪口呆地盯着我,好像我刚刚叫她们去男生浴室冲澡似的。

"妈妈!"

"格鲁特女士!"她们大声抗议道。

"怎么了,我说错什么了吗?"

"谁都知道应该是'斯卡利特小姐'先走!"

然后,她们向我解释说,为了提出控诉,你必须待在你认为会发生凶杀案的那间屋子里,如果你想通过一条秘密通道,只能走客厅和厨房之间的那条道,或者温室和藏书室之间的那条。

"谁说的?"我问。

"规矩就是这样!就在这个上面!"她们中的一个把那张整整齐齐地印好的游戏规则推到我面前。

这种"刻在石头上"的规则，让我想起了我们是如何"游戏人生"的。有人制定了某种世界是如何"运作"的规则，而因为我们都同意这种玩法，就将其变成了"现实"。

事实证明，我们都是如此。我们理所当然应该接受的概念和判断，几乎都是对事物本来面目的严重歪曲。我们所认为的"真实"，其实都只是我们已然接受了的"线索游戏规则"的映射而已。我们以为我们所看到的"真实"世界，其实只是我们各自的"线索游戏规则"的投射而已。

现在，到了扔掉这些"线索游戏规则"的时候了，把它们全部撕碎，当作纸屑抛撒出去。只有这样，我们才会真正意识到我们是"被全心全意地爱着、完全值得被爱且会全身心去爱"的自己。如果我们仍旧感到空虚，那就问问自己到底想做什么，问问自己为何来到这里。

这也是为什么我们需要用全新的眼光去重新审视这个世界！

"能量"证据 ────

"情绪低落比情绪高涨要容易得多。如果有人说'我患上了癌症',那么他就能很快在人群中被凸显出来,可是,我们中有几个人能连续五分钟表演一个毫无破绽的喜剧呢?"

——P. J. 奥罗克,《滚石》杂志前记者

卡里恩·约翰逊一直都知道自己想做个演员。事实上,她说她还是个小孩的时候,满心满脑的愿望就是:"伙计,我真的很想成为演员!"

尽管她是在纽约的放映院和剧场长大的,但她一直都在"假装是别的某个人"般活着,这一切都早于乔·帕普将莎士比亚的喜剧带进切尔西她所在的社区。她和她的弟弟克莱德,以及一个人工作、独自抚养两个孩子的母亲艾玛一起观看了很多电影。

"当我看到卡洛·朗白穿着一件绸衣走下楼梯时,我就想:我也能那样!"她说,"我也想缓步走下楼梯,说出那些话,过上那样的生活。在电影里,你可以成为任何人。你可以飞翔,你可以遇见活生生的外星人,你也可以当上王后,你还可以睡在一张巨大的床上,铺着缎面床单,住在自己的房间里。"

8岁时,她开始在哈得孙协会社区中心演出,这里有她所在社区的

一个集儿童日托、剧院和艺术于一体的项目。

上了中学后，她的生活开始走下坡路。因为她有阅读障碍，被错误地归类为"反应迟钝，智力发育迟缓"的学生。她从学校辍学，流落街头，开始吸毒，完全忘记了她的演员梦。19岁的时候，她就已经成为一个单亲母亲了。

好消息是她最终戒毒成功。事实上，她女儿的父亲就是帮助她戒掉毒瘾的一个戒毒辅导员。不幸的是，他并不适合做一个父亲。在他们的女儿亚历山德娅出生几个月之后，他就离开了她们。

卡里恩中学辍学，毫无任何谋生的技能。事实上，她唯一会做的事情就是照顾小孩。所以，她接受了一份保姆的工作，和雇用她的朋友一起搬到了得克萨斯州的拉伯克市。再后来，她的朋友又搬到了圣迭戈，她和她女儿则一同欣然前往。

可是，当她和朋友的关系闹僵之后，她发觉自己被身无分文地困在加利福尼亚州。她甚至都不会开车，这是阻碍她在加利福尼亚州高速公路上享受驾车乐趣的一个重要障碍。

"我连个中学文凭都没有。"她说，"我所拥有的只有我自己和我的孩子！"

当然，她还有那个"伙计，我真的很想成为演员！"的梦想。白天，她去学习砌砖，同时去美容学校学习。晚上，她跟着一个实验剧团的戏班子四处表演。曾经有一个阶段，她为一家葬礼公司工作，主要负责给死人做头发和化妆，赚来的钱加上福利救济，勉强够家用。

"我总是操心如何给我女儿吃饱穿暖，如何用165美元买够一个月吃的食品。"

尽管如此艰难,她依旧坚信"一切皆有可能"! 她坚信有一天她会像卡洛·朗白那样,穿着绸衣缓步下楼。

"我一直都知道,我能表演!"她说。

她那永不动摇的信念最终帮她敲开了成功的大门。1983年,著名的好莱坞导演迈克·尼科尔斯碰巧撞见她在伯克利的一个实验剧团演出,当时的剧目是《黑街鹰眼》。他被她所扮演的角色深深打动,以至于迅速就和她签订了演出协议,邀她出演百老汇的《幽灵表演》。后来,史蒂文·斯皮尔伯格偶然发现了这个节目,又力邀她扮演电影《紫色》中的塞利。从那时起,她将自己的名字改为乌比·戈德堡。

乌比在她的自传中写道:

"我什么都可以做,我可以成为任何一个人,没人告诉过我说我不能,没人曾经说过将限制我做任何事。因此,我认为一切皆有可能。

"我知道自己无法将水变成美酒,或者让猫咪讲法语,但是我知道:只要不受制于种种先入为主的观念,整个世界都会成为你自由发挥、尽情泼洒的画布!

"只要你敢去梦想,你就能去实现它。我坚信自己可以融入任何想去的地方,可以置身于任何情景或者环境中。我相信一个小女孩也可以在曼哈顿的贫民窟里的单亲家庭长大成人,我相信可以独立抚养一个孩子。我曾经靠领福利救济和打零工熬过了7年,但最终我还是实现了拍电影的梦想!

"因此,我认为一切皆有可能,我知道这是因为我必须以此为生，我知道这是因为我已然见证过它。我目击了前人称之为奇迹的事情发生，但这一切并非奇迹，而只是一个人的梦想结出的硕果。作为人类，我们有能力创造一个天堂，利用我们自己的双手，让彼此生活得更加幸福！

"如果你期待的事情还没有发生，那并不是因为它无法发生或者不会发生，而是时间未到而已！"

更多"能量"证据

"利用你的强大意念进行治疗，效果会比依赖那些游说你相信它的效果的药物要好得多。"

——布鲁斯·利普顿博士，美国细胞生物学家

多年以来，默尔特·菲儿莫尔都像个药罐子一样靠各种药物活着。这位后来的"联合教堂"的创始人之一不仅患有让她不时咯血和发高烧的肺结核，还患有严重的疟疾。有一天，她去参加"新思潮"的一个教师E. B. 威克斯博士的讲座。威克斯博士宣称：神一直都是至善至美的，他从不希望任何人患上疾病。他甚至还说，如果默尔特能让自己和那个至善至美的精神结盟的话，她就会发现她的真正自我——一个全然健康的自我。

此后，默尔特一遍又一遍地告诉自己："我是神的子女，因此我不该遗传任何疾病！"她拒绝"以貌取人"，而是用她全身心的每一个细胞都去赞美神的伟大能量。慢慢地，默尔特的身体恢复得越来越好，不到两年时间，她的所有旧疾全部消失！

默尔特的丈夫查尔斯亲眼见证了他妻子的病愈过程，因此也决定用相同的誓词去尝试。查尔斯是个残疾人，因为少年时的一次滑旱冰事故和之后一系列手术的后遗症，他的髋部球窝严重受损，一条腿甚至停止了生长，他不得不装上一个铁假肢以维持双腿平衡。他以为自己所能做的最好选择，就是学会忍受这种慢性疼痛的折磨。

就像默尔特一样，查尔斯开始向一个至善至美的强大能量场祈祷。一年时间不到，他不仅完全摆脱了病痛的折磨，而且他的那条腿开始重新生长，并且赶上了另外一条腿。宇宙真的照料好了他的身体！

实验方法 ——————

"现实只不过是一个幻觉，虽然是一个持久的幻觉！"

——阿尔伯特·爱因斯坦，理论物理学家

莎莉·菲尔德因在电影《我心深处》中的表演终于获得奥斯卡金像奖时欢呼："您喜欢我，您真的喜欢我！"我们的世界如此令人赞叹。

在接下来的48小时内，我们要持续记录一些美好的事物。

当然，人类的历史是以鲜血写就的——战争、背叛、杀戮等。但就如古生物学家斯蒂芬·杰伊所说的："化石记录里所显示的是，生物的稳定性持续了相当长一段时间！"

一个暴行将会毁掉一万个善行。其实这是一句自相矛盾的话。人类的礼貌、善意和美好都是最基本的准则。

他将其称为"我们的责任"，而我们的神圣责任，就是记录和纪念那些小小的善行所累积起来的胜利的重量，那些总是被我们忽视的数不胜数的小善行。

在接下来的两天里，请你手头随时拿着一本小日记本，把你所遇见的所有美好事物记录下来。下面是你也许会列举出的一些例子：

今天我出门去找医生看病的时候，妻子吻了我一下。

前台接待和我比了比她新生的儿子和我刚出生的孙子的照片。

我抱着一大摞书进办公室的时候，一个陌生人替我把门推开了。

坐在餐馆里的那个男人冲我笑着问："近况如何？"

在拥挤的学校餐厅里，学生们优雅地共坐一桌。

我的电子邮箱出了点问题，一个同事帮我修好了。

远在另一个州的同事回应了我发出的测试信息，并给我以美好的祝福。

实验报告单

名称：鱼和面包原则

理论：宇宙是无穷无尽的，是富饶无限的，而且能进行奇特的自我调适。

问题：我对负面思维的关注，真的会阻碍自己认清现实吗？

假设：如果我改变了自己的观点，努力去发现真、善、美和世界的丰盈，"真相"肯定会为我而呈现。

需要时间：48小时

今天的日期： _____年___月___日　　　**时间：** _____

我所发现的真、善、美的事物的数量： _____

方法：我曾经听过一个古老的谚语："你所感激的，一定也会回报你。"因此，我想要试一把。谁知道呢？也许表达感激之情，只不过就是说些不知所云的乐观的话，就像奥普拉的节目那般。别忘了，威利·纳尔逊曾经说过，当他开始细数福佑的时候，他的生活就完全变样了。我要像威利一样，准备将赌注押在各种可能出现的平和、福佑以及快乐之上。

研究笔记： _____
_____
_____

我们每时每刻都有更多的可能性，只是我们并未意识到。

—— 一行禅师，佛教徒

相互鼓励，托举起彼此的生命

"大家一起齐心协力来创造生命的奇迹！"

——亚伯拉罕-希克斯

击掌，碰拳！你终于快读完本书了，希望你也顺利完成了书中提到的九个实验。祝贺你勇敢地使飞镖正中靶心——意思是最艰难的部分已经结束！但如果现在就退出的话，你将错失整个旅途最美好的部分，因为我们的回报即将开始！

我要给你的建议就是：和本书的其他读者组建一个小组。尽管能量场总是潜伏在我们身边，指导着我们，但如果有人肯随时进行提醒和监督的话，一定大有助益。我们很需要伙伴共同上路。

有其他精神斗士的陪伴，他们能倾听我们的心声，愿意为我们欢呼加油，随时提醒我们为何要坚持这次旅程。亚伯拉罕-希克斯总喜欢说："当你调频到创造这个世界的能量场的时候，宇宙自会为你配对，让你找到那些和你的振动频率相近的人。"

这感觉有点像是宇宙提供给我们的约会服务。这些"队友"会进入你的振动范围彼此吸引，然后，你们的正能量场就会"自乘"，迅速像指数方程式般扩大，引导你们进入一个全新的世界，发现全新的自我。你们要尽情地放松和享受，因为那儿就是能量的终极发动机。

创建一个项目小组，以便于你们所有人都能感觉到安全和彼此需要的价值感。要做到这一点，无须刻板的宣誓仪式，最关键的一点就是你必须和那些愿意分享你的实验结果、自己也在全心全意践行的人组成团队。

你们可以分享彼此的故事，相互鼓励，然后通力合作，创造出新的实验方式。我的小组每周都会提出一个全新的实验，可以是任意的事情，如让一个忙乱不堪的房间里的能量场变得平静（你可以试着发射一种平和安静的意念，然后观察它是如何改变一个乱哄哄的餐馆或者气氛紧张的会议室里的能量场的），你也可以改变自己总是不自觉地要去评判或总结的一段感情的进程。我的小组会经常汇报我们各自取得的成功，在未能走出"旧思维"模式的时候，我们也会分享失败的经验——无论是成功抑或失败，它们都是强有力的学习计划。

在这个小组里，你们必须讨论的是你全身心梦想的生活方式，而不是你现在所过的生活。不要总是问"出了什么问题？"，这或许是英语里使用频率最高的提问，而是要问"我该怎么做？"，因为这才是一切的关键，答案是你要全力以赴地去开创一个全新的、更加幸福的篇章。每一次聚会，你们都可以分享自己是如何改善和提升自己的喜乐的成功案例。

要像我一直强调的那样：要心怀感恩，勇于提升，庄严宣誓，大胆梦想，同时心里牢记以下三点：

1. **你很棒！**也许你已经意识到，也许还没有，但是要坚信你是一个拥有强大力量的能量源，各种各样的可能性正在你的每一滴血液里涌流。

2. **伟大的能量场是没有界限的！**一切皆有可能，你所需的只是敞开心扉，放弃那些"老旧的"思维模式，持续不断地去探索和开发更快乐、更自由、更伟大的理想。

3. **我们所有人都连在一起。**如果我们相互照应，愿意多跑几步路去给彼此以支持，同心同力，我们就都会成功，每个人都会被托举起来。当然了，我们完全可以独自冲向终点。但是，真正的快乐来自携手完成这段征程，然后用我们最大的力气、用最高的声调齐声欢呼胜利！

致　谢

　　我听过一句谚语，要养大一个孩子，需要一个村庄的努力。好吧，要出版一本书，也需要周边人的关爱。

　　抚育这本书长大成人的"村民"包括但不限于：

　　Hay House 出版社的所有"苦力"——亚历克斯·弗里蒙、香农·利特雷尔、克里斯蒂·萨利纳斯、帕姆·霍曼以及斯泰西·史密斯。从一开始，斯泰西就一直支持着我写下去，谢谢您，斯泰西！还有克里斯蒂，感谢您催生出一个如此美丽的封面。

　　亚历克斯，当我看到您的评论和您斧正的错误时，真有点信心不足，但现在我要向你鞠躬致谢。您是响应我的祈祷的一盏明灯！

　　吉姆·迪克，你是这个星球上最具耐心的三个人之一；还有姬蒂·谢伊、乔伊丝·巴雷特、贝蒂·谢弗、菲仁姐妹、每周三早上我的灵修倡导者们；还有我的旋风小组。当然了，还有塔兹！

　　潘·格鲁特创作了18本书、3部戏剧、1部电视连续剧，还设计了苹果的两款应用软件（iPhone Apps）。她同时还为美国《人物》杂志、美国有线电视新闻网、《赫芬顿邮报》以及她自己的旅行博客www.georgeclooneyslepthere.com供稿。想要了解潘和她那不受限的生活态度，敬请关注她的网站：www.pamgrout.com。

"督爷"
逗留原则

实验报告单

名称： "督爷"逗留原则

理论： 有一种看不见的能量，或者说一个拥有无限可能的能量场。你想要什么取决于你内心的选择。

问题： FP真的存在吗？

假设： 如果每个人都拥有一个一周7天、每天24小时都随时待命的能量场，那么，我只要集中注意力，就可以随时调用它。另外，如果我要求这个能量场给我祝福，则要给出一个时间框架和明确的指示。它将送给我一份大礼，而我会不胜感激！

所需时间： 48小时

今天的日期： _____年___月___日　　**时间：** _____

收到礼物的最后期限： _____年___月___日

方法： 能量场，你好，我讨厌向你提出这个要求，但人们现在都在谈论你。他们开始怀疑"这家伙是不是真的"，那感觉就像从你脸颊上撕下一大块肉，然后叫停这个你正在玩的看似疯狂的"捉迷藏"游戏。只给你48小时让你现身，我想为你竖起大拇指，请给我一个清晰的指示，一个不能被当作巧合而抹杀掉的明示。

研究笔记： _____

_____

_____

实验三

阿尔伯特·爱因斯坦原则

实验报告单

名称： 阿尔伯特·爱因斯坦原则

理论： 你是一个能量场，置身于一个更大的能量场内。

问题： 我真是由能量构成的吗？

假设： 如果我是能量场，那我肯定能控制我的能量流动。

需要时间： 两小时

今天的日期： _____年___月___日   **时间：** _____

方法： 不用别的任何东西，我只需调动强有力的思想和能量，就可以让这两根魔杖开

始摇滚！再想想看，还有什么我毫不怀疑就能轻易实现的魔法呢？

研究笔记： _____

_____

_____

实验报告单

名称： 大众捷达原则

理论： 你影响了周遭的能量场，而你的信仰和期待决定了你能从这个能量场获得什么。

问题： 我真的只能看见自己想看的东西吗？

假设： 如果我决定寻找米黄色的汽车或者蝴蝶，就肯定能找到。

所需时间： 48小时

今天的日期： _____年___月___日   **时间：** _____

方法： 根据潘·格鲁特的说法，外面的世界就是我们意识的投射。她说我们的错觉才是阻拦自己感受幸福、爱与平和的唯一障碍。尽管我怀疑她太过乐观，但我今天还是要寻找米黄色的汽车，明天则要去寻找蝴蝶。

我所发现的米黄色汽车的数量：_____

我发现的蝴蝶的数量：_____

研究笔记： _____

_____

_____

大众捷达原则

亲爱的
艾比原则

实验报告单

名称： 亲爱的艾比原则

理论： 你和能量场的连接，为你的人生提供了无限多的精准指导。

问题： 我真能迅速得到一个清晰可行的指导吗？

假设： 如果我请求内在向导，我会对如下是或非的问题得出清晰的答案：

_____

_____

需要时间： 48小时

今天的日期： _____年___月___日   **时间：** _____

收到答案的最后期限： _____

方法： 好吧，我们开始了。内在向导，我需要一个答案，你有48个小时的时间，请让它快点现形吧。

研究笔记： _____

_____

_____

实验报告单

名称： 巴拉巴拉咒语原则

理论： 凡是你全神贯注想要的东西，就一定会膨胀显形。

问题： 我真的能通过心系一念而无中生有吗？

假设． 我确定好内心的意念，然后全神贯注于这种意念产生的结果，最终就能将我想

要的东西带进自己的生活。

我想要： _____

所需时间： 48小时

方法： 我已经扫描了这个被称作"世界"的巨大清单。为了这次实验，我决定如上所

写就是我在接下来的48小时内想得到的东西。我会将全身心投注于此，并牢

记亚伯拉罕-希克斯所说的话：建造一座城堡和做一个纽扣一样简单！

今天的日期： _____年___月___日   **时间：** _____

创造的最后期限： _____

研究笔记： _____

_____

_____

巴拉巴拉
咒语原则

实验报告单

名称： 超级英雄原则

理论： 你的思想和意识，影响着所有的物质。

问题： 我真的能用我的意念影响物质世界吗？

假设： 如果把自己的意念全神贯注于一排绿豆种子，我可以让它们更快地发芽。

所需时间： 7天

今天的日期： _____年___月___日　　**时间：** _____

方法： 我将内在的意念放在这一排绿豆种子上，我给它们以积极的振动频率，希望我

　　　　的能量能对它们有所影响。

研究笔记： _____

　　　　　　_____

　　　　　　_____

超级英雄原则

实验报告单

名称： 鱼和面包原则

理论： 宇宙是无穷无尽的，是富饶无限的，而且能进行奇特的自我调适。

问题： 我对负面思维的关注，真的会阻碍自己认清现实吗？

假设： 如果我改变了自己的观点，努力去发现真、善、美和世界的丰盈，"真相"肯定会为我而呈现。

需要时间： 48小时

今天的日期： _____年___月___日　　**时间：** _____

我所发现的真、善、美的事物的数量： _____

方法： 我曾经听过一个古老的谚语："你所感激的，一定也会回报你。"因此，我想要试一把。谁知道呢？也许表达感激之情，只不过就是说些不知所云的乐观的话，就像奥普拉的节目那般。别忘了，威利·纳尔逊曾经说过，当他开始细数福佑的时候，他的生活就完全变样了。我要像威利一样，准备将赌注押在各种可能出现的平和、福佑以及快乐之上。

研究笔记： _____

_____

_____

鱼和面包
原则

101名校学子

的青春

青春人

实验报告单

名称： 101条斑点狗原则

理论： 你和世间的万事万物都息息相通。

问题： 我真的不用见到某个人就能给他传递信息吗？

假设： 在接下来的两天之中，就像有心灵感应般给某个人发出一条具体的信息，我会

得到他已经收到我这一消息的证据。

需要时间： 48小时

方法： 好了，能量场，我听见了从电影《阴阳魔界》中传来的旋律，但这一次，我不

着急下结论，我要看看它是否来自那神秘的量子物理世界。你怎么看呢？

今天的日期： _____年___月___日　　**时间：** _____

研究笔记： _____

_____

_____

实验报告单

名称： 意念"共舞"原则

理论： 你的思想和意识，将会为你的物质之身搭建好构架。

问题： 我的思想真的能影响周遭的事物吗——比如说，能影响到我摄入体内的食物吗？

假设： 如果我的思想和意识始终在与周遭的环境"共舞"，我所摄入的食物肯定会被我的思想所影响。我只要通过改变对食物的看法和说法，就会变得更健康。

需要时间： 72小时

今天的日期： _____年___月___日

　　　实验第一天早上所称的体重：_____

　　　实验第三天早上所称的体重：_____

方法： 无须改变你的食谱。事实上，在这个实验期间，你吃什么都不重要。不过，在接下来的三天中，无论是清早简单煎煮的鸡蛋，还是下午茶时间某个同事的一块生日蛋糕，在你吞咽之前，你都要有意识地、刻意地给这些食物注入积极的、充满爱意的想法，感谢它们给你提供了营养，期望它们能让你的身体更加健康。

研究笔记： _____

　　　　　_____

　　　　　_____

"高贵"与"平凡"

李晓千